ママも
\ 子どもも悪くない! /

しからずにすむ子育てのヒント

新装版

高山恵子

Gakken

はじめに

最近は、育児情報が本や雑誌だけでなく、ネットにもあふれかえっています。理想の子育て本を読めば読むほど、その通りにできない自分がイヤになる、ほかの子どもと比べてしまう、結果が出ないわが子にイラつく……。そんな体験はありませんか？

でも、あなたが無能なわけでも子どもが悪いわけでもありません。いろいろな条件があって、うまくいかないだけなのです。

この本を手に取って読んでいるママ、あなたはそれだけで十分すてきなママです。だって、子どもと家族のために何かいい方法はないか？と、トライしたい気持ちがあるのですから！

ママがいろいろなことを犠牲にしていると、子どもや家族が思い通りに動いてくれないとき、怒りが爆発しがち。「ママをもうやめます！」となる前に、時々ママの役割を休憩してください。リラックスすれば自然に笑顔も出てきます。このことをひとりでも多くのママに伝えたくて、この本を作りました。

わたしは、１９９７年にＡＤＨＤなど発達障害のある子とその支援者の支援団体、ＮＰＯ法人えじそんくらぶを設立しました。親向けのセミナーでは、「自分の子どもを好きになれない」「この子は自分を苦しめるイヤな子でしかない」「そう思う自分はなんてひどい親」と、涙を流すママがいる一方で、「同じ思いをしている人がいるとわかっただけでもうれしい」というママも……。

この本は、全国で行ってきた親向けのセミナーで紹介した内容のうち、特に反響が大きかった内容とスキルをまとめたもので、一般の子育て本には書かれていない、とっておきのヒントをご紹介しています。発達障害のある子の子育て法は、障害の有無に関係なくすべてのお子さんに有効です。まずは、p．11～のプロローグ「『あなた（子ども）自身』と『行動』を分けよう――すべてのことに通じる大切なヒント」から読んでください。ここに書かれた基本が理解できれば、効果が倍増します。後はランダムに読んでもＯＫ。

読んでいく上で、大切なポイントが2つ。1つ目は、無意識にやっている自分のパターンを理解すること。この本では、「あなたならどうする？」という3択式の問いかけになっているので、ここで振り返ってみましょう。

2つ目は、自分も子どもも他人と比較しないこと。よく読む子育て本や、「あのママ友」のようにできなくてもいいのです！

この本は、ぜひパパやばあば、じいじにも読んでいただき、ママのサポーターになってほしいと思います。人生の先輩から見ると、若夫婦のやることが心配かもしれません。でも、臨床心理士として多くの親子にかかわった経験から、お願いがあります。よかれと思ってすることが、ママのストレスを助長することもあると、心にとめておいていただきたいのです。

多くの家庭で、ハッピーな時間が一秒でも長くなることを願っています。すべての人にBETTER LIFE、今をよりいい人生に！

※本書の「しかる」には、子どもにとって必要なしつけとしての「しかる」、しつけと言いながら、子どもの人格を否定したり感情的に傷つけたりする望ましくない「しかる」などが含まれています。本書では、「しかる」こと自体を否定するわけではなく、望ましくない「しかる」を減らしていこう、というメッセージを伝えていきます。

目次

PART 2

子どもとの関係づくり

PART 3
子どもへの言葉かけ

本書は2014年6月に刊行した『ママも子どもも悪くない！　しからずにすむ子育てのヒント』（Gakken）の新装版です。記述の見直しを行い、一部加筆修正を行っています。

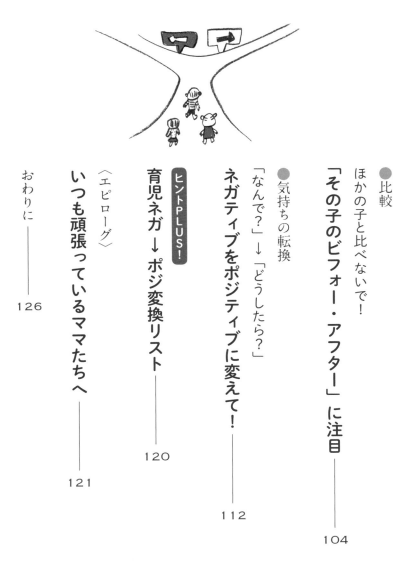

プロローグ

「あなた（子ども）自身」と「行動」を分けよう

すべてのことに通じる大切なヒント

こんな場面を想像してみてください。スーパーでわが子が走り回って大騒ぎ。毎度のことで、堪忍袋の緒がブッチン！と切れたママは……

「どうしてちゃんと静かにできないの！　走り回ってダメな子ね！」

「ママ、そんな悪い子は嫌いよ！」

……「あるある」「わたしも言ってる」とうなずいているママは多いのではないでしょうか。ついうっかり口にしてしまいがちな言葉ですが、実はここに重要なポイントがあるのです。

「子ども」がイヤなのではなく、その「行動」がイヤ

ママは、「走り回るのをやめて静かにしなさい」と伝えたかったのでしょうが、子どもにはどのように伝わるでしょう？　「ダメな子ね！」「嫌いよ！」と自分を否定された悲しさのほうが強く残るのではないでしょうか。

そこで意識したいのが、「〝あなた（子ども）自身〟と〝行動〟を分ける」視点。**「走り回るあなた＝ダメな子」**ではなく、**「走り回る〝行動〟がNG」「〝あなた〟はOK」**、**イヤなのは「あなた」**ではなく**「行動」**と、切り離して考えてほ

しいのです。これは本書すべての内容に共通する大切な基本で、この後、繰り返し登場します。「あなた自身」とは、「存在」や「人格」とも表現できるでしょう。行動には、「行為」や「その人が言う言葉」が含まれます。「わが子の〝存在〟がダメ・イヤ」なのではなく、「そのときのわが子の〝行動〟がダメ・イヤ」なだけ。そして、どなってしまった「ママ自身」もダメな存在ではないのです。**そのときの言葉とかかわりがNGなだけ。**だからその「行動」を変えればよいのです。

「あなたはOK!」が心を育てる栄養に

小学生になるころから、「自分のイメージ」が明確になってきます。「自分はダメな子」というマイナスのイメージではなく、「自分はOK!」というプラスのイメージをもてるようになるには、まず「大好きな人から自分はい

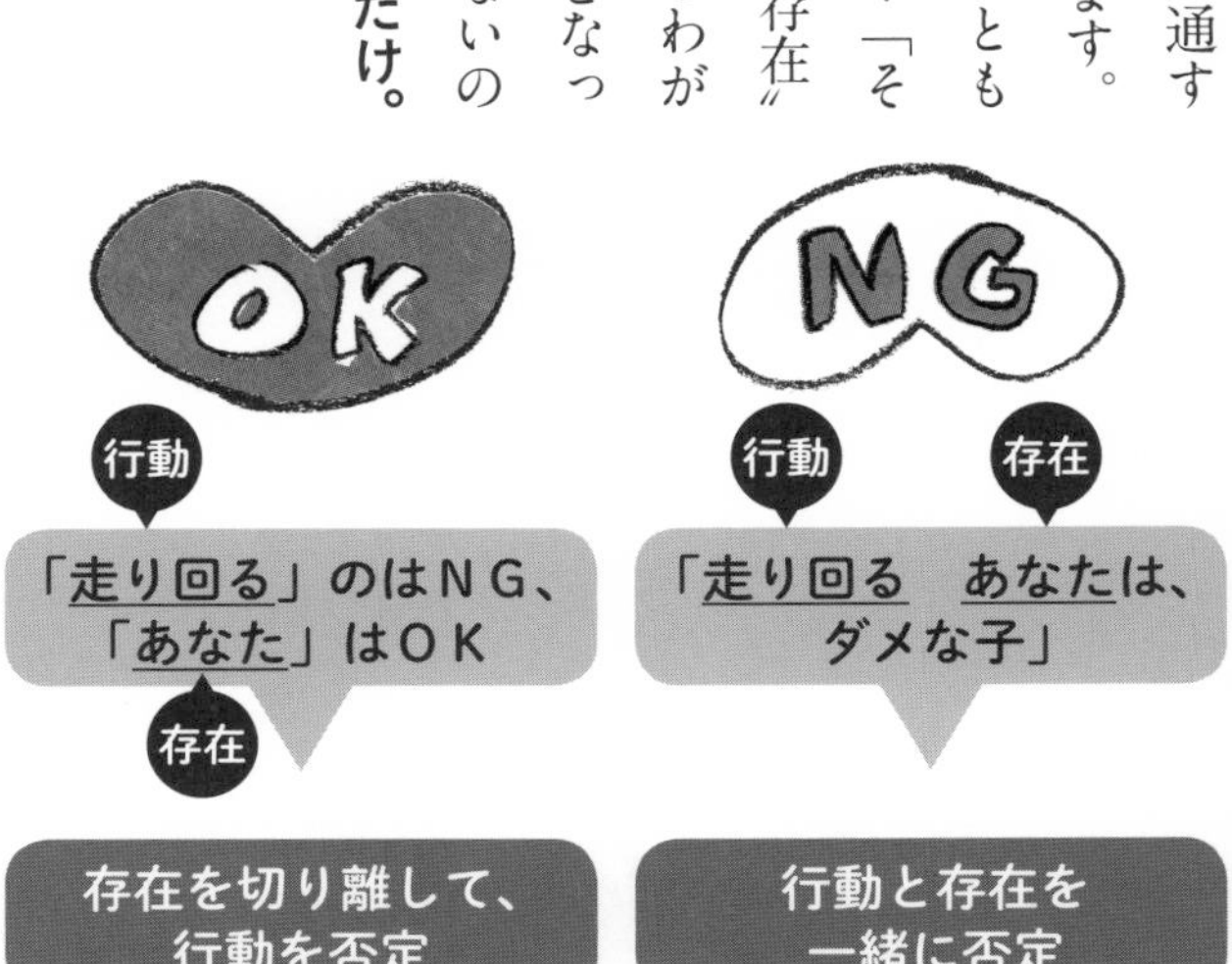

NG
行動
存在
「走り回る あなたは、ダメな子」
行動と存在を一緒に否定
OK
行動
「走り回る」のはNG、「あなた」はOK
存在
存在を切り離して、行動を否定

つも守られ、認められている」という安心感が必要。

ママからの「そのままのあなたでＯＫ」「好きよ」という言葉やかかわりが、お子さんの心を育てる栄養になるのです。一方、「あなたはダメな子！」「嫌い！」という否定のメッセージは、子どもの自己イメージを下げてしまいます。

少し意識するだけで、言葉かけがプラスに変わります。早速今日から、将来の子どもの自己イメージづくりを意識して、試してみましょう！　それが「自分らしくのびのびと生きる力」になります。マイナスイメージが固定される前の乳幼児期は、特に意識したいものです。

「子どもの存在は○。行動がときどき×または△」

「ダメな子」＝「ダメな母」と思わないで

外出しているときや親せきの前など、人目があるときに「しつけのできない母親だと思われたくない……」と、感情的にしかってしまうことが多いかもしれませんね。

子どものよくない行動や失敗が、「ダメな母親」という評価につながると感じてしまう……。つまり、「子どもの評価」＝「ママの評価」というふうに、一体化してしまっている状態です。

子どももママも、だれも悪くない

まずは、「子どもとママの評価」を切り離し、ここでも「子ども自身」と「子どもの行動」を分けましょう。**悪いのは、「ママ自身」でもなく、「子ども自身」でもなく、「行動」がうまくいっていないだけ。**

講演会で、あるママがこんな話をしました。「先生の話を聞いてから〝子ども自身と行動を分ける〟を意識して〝○○くんのことは好きだけど、今、走るのはNG〟というように、子どもへの言葉かけを変えました。するとある日、子どもから〝ママのことは好きだけど、その怒り方は×〟と言わ

行動　存在

「落ち着きのない　わが子はダメな子」という「評価」

連動してしまっていませんか？

行動

「子どもを静かにさせられないわたしはダメな母親」という「評価」

存在

れてしまって……」。思わず会場に笑いがこぼれ、「子どもって大人の言うことをよく聞いているんだなあ」と、あらためて感心したエピソードです。

この本を読みながら、もし「こんなふうに育児できないわたしは、ダメな母親」と感じたら、次の言葉を思い出してください。

「ダメな子」じゃない。「わたしがダメ」なのでもない。その行動がそのとき悪いだけ、やり方がわからなかっただけ……。子どももママも悪くない。「だれも悪くない」。

子どもがスーパーで大泣きをする、言うことを聞かない、子どものことがほめられない、ついほかの子と比べてしまう……。次のページから始まる本編では、そんな具体的な育児の場面について、「あなたならどうする?」と読者のママたちに問いかけ、かかわり方や言葉のかけ方、子どもの育ちや行動のとらえ方についてお答えしていきます。そのすべてのベースにあるのは、**「子どももママも悪くない」**というメッセージです。

このことに気がつくと、きっと少し楽になって、ハッピーな時間が増えるでしょう。

PART 1

子どもとのかかわり

「子どもの行動がわからない！」
「どうほめたらいいの？」
「しかった後、どうしたらいいの？」
など、ママが悩みがちな
子どもとのかかわり方について、
ズバリ、お答えします。

行動の分類

「聞こえていない」「うっかり」「わからない」「わざと」

4つの視点で子どもの行動が見えてくる

Q

あなたならどうする？

「片付けて！」と
何度言っても、
片付けないわが子……。

A

「どうして言うことを
聞かないの！」としかる。

B

ふとわれに返って、
「なぜやらないんだろう？」
と考えてみる。

C

時間がかかるし
イライラするので、
子どもの代わりに
片付けてしまう。

A

ただしかるだけでは、同じことの繰り返し?

子どもが言うことを聞いてくれないと、ついしかりたくもなりますよね。でも、**子どもはしかられる理由がわからないことが多い**のです。ママも子どもがなぜやらないのかがわからないままイヤな気分になる……こんな繰り返しをストップしませんか? **実は、行動ひとつひとつに、その子なりの理由が必ずあります。**子どもの行動を分類してみると、また違った対応ができるはず。P.24~の「4つの視点」を参考にしてみてください。

忙しい日常に追われていると、ついしかって終わりにしたくなってしまいがちですが、子どもの成長を長い目で見たとき、今、ていねいに向き合っておけば、必ず後が楽になります。大変ですが、トライしてみてください。

B

「やらない理由」を想像すると対応が見えてくる

「なぜやらないのかな?」「どうやったらできるかな?」と子どもの気持ちを想像すると、効果的な大人のかかわり方が見えてきます。

ポイントは、子どもの行動の意味を正確に理解することです。子どもの発達も行動の理由もそのときどきで違うので、ちゃんと観察して言葉をかけると効果的です。

理解の仕方によって、対応は大きく違ってきます。思い込みで決めつけないようにしたいですね。

このようなかかわりを繰り返していくうちに、「夢中になると、周りの声が耳に入らなくなるタイプ」というように、その子の傾向もわかってきます。

例えば……

何度言っても片付けない

「あそぶのに夢中で聞こえていないのかも？」

子どもの肩を軽くたたき、子どもが注目してから指示を出す。

「どうやって片付けたらいいか、わからないのかも？」

一緒に片付けて、やり方を教える。

C

代わりにやってしまわず、「親子一緒に」が大事

忙しくて余裕がないと、つい「わたしが片付けたほうが早い！」と手を出したくなりますね。でも大人がやってしまうと、どこか頭の隅で「自分で片付けよう」と思っていた子どもの「やる気スイッチをＯＦＦ」にすることに……。自分で頑張ろうとする気力が削がれ、これが続くと、いつまでたっても人任せな子になってしまいます。

ひとりでもできるようになるために、特に就学前後は、ママや子どもがひとりでやるのではなく、その中間の**「親子一緒に」という、ママのやり方を見て覚えるプロセスが大切**です。

毎回子どもと一緒にするのが難しければ、

- 週末だけは一緒にする時間を確保する
- 全部ではなく部分的に子どもに任せる

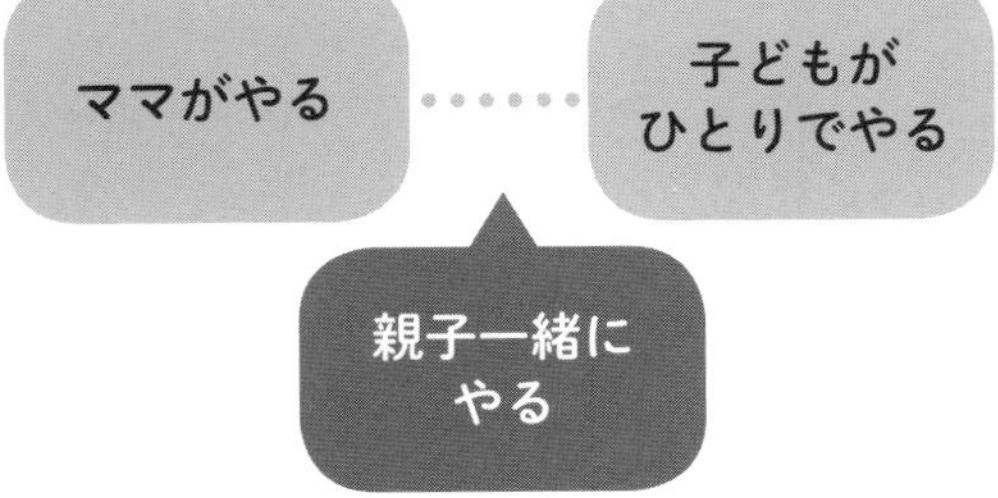

など工夫しましょう。やむをえず「今はわたしがやっちゃおう!」というときは、子どもが混乱しないように、「今は忙しいからママがやるけど、今度は一緒にちゃんと片付けようね」などと、その**理由を伝えて**あげてください。

行動を理解する「4つの視点」

「聞こえていない」「うっかり」「わからない」「わざと」

子どもの行動にイラッとして「ダメな子ね！」となる前に、ちょっと待って。**子どもの行動には必ず理由があります。**そのときの子どもの「気持ち」を次の4つの視点で考えると、具体的なかかわり方がわかってきます。同じ行動も、こんなふうに子どもの側に立つと、違って見えてきませんか？

無視してないよ！

❶聞こえていない

遠くから声をかけていませんか？　子どもの耳に届いていないのかも。特に乳幼児の場合は、案外聞こえていないことが多いのです。

▼

近くで子どもと目線を合わせてから話しましょう。

悪気はないの

❷うっかり

指示を聞いてもすぐに忘れてしまう、うっかり屋さんがいます。

▼

「何をやるんだっけ?」「これはどこに入れるんだっけ?」などと、一緒に確認しましょう。

困ったなあ……

❸わからない

指示の意味やその場に応じた行動がわからない子がいます。大人にはあたり前のことなので、「子どものわからない気持ちがわからない」ということも。

▼

「ボールをこの箱に入れようね」などと具体的に説明し、大人がやって見せたり、一緒にやったりして、やり方を伝えるとよいでしょう。

こっちを見て！

❹わざと

注目されたくて、「わざと」やる子もいます。ママのことが大好きなんですね。

▼

一緒にあそぶ・スキンシップをとるなどの「スペシャルタイム」を。忙しいときに起こりがちなので、事前に一緒に片付けたり、子どもが一緒にあそびたがるときは**「これから30分はご飯を作るからあそべないのよ」**と、できない理由を伝えるとよいでしょう。

思いに近づくきっかけに

必ずしもひとつの行動にひとつの要因ということではなく、またこの4つでは説明のつかないこともあります。

分類が難しいと感じてもOK。**まずはすぐにしからず、いろいろな視点から子どもを見てみましょう。**すると、これまでしかっていた行動も、しからずにすむかもしれません。この4つの視点は、子どもの思いに近づくきっかけのひとつととらえてくださいね。

ミニ＊エピソード

「わからないときは“わからない”って言ってね」と伝えると、子どもから「わからない」と言ってくるようになりました。「聞いていないのではなく、わからなかったんだ」と気づきました。

ヒント PLUS!

イラッとさせられがちな子どもの行動の意味

ここでは、特に大人がイライラさせられがちな行動について、子どもの視点から見た対策を説明します。

●**泣く**…おなかがすいた、気持ちが悪い。言葉で伝えられないとき、泣いて訴えます（P．62～「『泣き』の翻訳リスト」参照）。

泣くのを止めるのではなく、「どうしたの？」「おなかがすいたの？」など、子どもの気持ちを代弁。思いが伝わったとわかると、子どもは安心します。

●**かんしゃくを起こす**…思い通りにいかないと、手足をバタバタさせて泣き叫ぶことがあります。

その場から離れる、深呼吸をするなど、クールダウンの方法を考えて。どなったり言い聞かせようとしても火に油を注ぐだけ。嵐が静まるのを待ちましょう。

●**物を壊す・物を投げる**…怒りや不安から物に当たることもありますが、意識せず「うっかり」という場合もあります。物を投げる行為は、小さい子の場合、あそびのひとつということも。

⬅「壊れちゃったね」と困った顔で語りかけ、壊れたらなかなか元に戻らないこと、物は大切に扱うことを伝えましょう。あそびでやっている場合は代わりにボールなどを渡し、投げてよい物・いけない物を知らせます。

●たたく・かむ…一緒にあそびたい、相手の物が欲しいなど、いろいろな理由が考えられます。「ダメ」としかっても子どもは理由がわからず、恐怖感しか残りません。

⬅本人や他人が傷つく危険があるときは、き然と子どもの体を押さえ、「かんだらダメよ」「一緒にあそぼうって言おうね」など、穏やかに話しましょう。

●大声ではしゃぐ…来客があったときや外出先で、いつも以上にはしゃぐことがあります。普段と違う状況に気持ちが高ぶり、動きが多くなってしまうことも。

⬅事前に「大事なお話をするから静かにね」など、どうしたらよいのかを具体的に伝えておきましょう。

しかる

しかってもOK！

その後の上書きが大事！

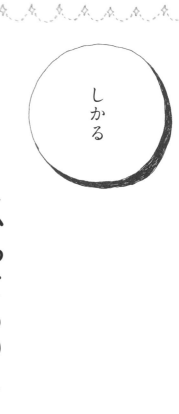

Q

あなたならどうする？

なかなか言うことを
聞かないわが子を、
つい感情的に
しかってしまって……。

A

怒りがどんどん
膨らんでいき、
ほかのことまで家族に
八つ当たりする。

B

「言いすぎちゃったかな」
と反省し、謝る。

C

「またやっちゃった……」
と後悔し、自分を責め続ける。

A 切り替えスイッチを見つけて、怒りの蓄積予防を！

ママが怒りを抱え続ける状態は、親子ともにしんどいですね。この状態が続くと、子どもは常にママの顔色をうかがうようになったり、ママ自体が不快な存在となって、関係づくりが難しくなったりすることも。特に**5歳までの親子関係が後々に大きく影響する**ので、できるだけ怒りを引きずらないほうがベターです。

イライラが続くと体がこわばり、呼吸が浅くなります。まずは、ゆっくり深呼吸（4秒吸って6秒吐く）をするだけでも違います。また、**気持ちを切り替える自分なりのスイッチを見つけておくとよい**でしょう。

例えば……

- 音楽を聴く
- ハーブティーを飲む
- ストレッチをする
- アロマ
- 友達とおしゃべり
- スポーツ
- カラオケ
- 散歩

など

そして時には、だれかに助けを求めましょう。保健師さんに相談したり、一時保育を利用するなど、子どもと離れる時間をとったほうがよい場合もあります。そのことに罪悪感をもつ必要はありません。どうか、ひとりで抱え込まないでくださいね。

B 言いすぎた後は、1秒でも早くフォロー！

まず、「ちょっときつく言いすぎたな」「子どもを傷つけちゃったかな」と自分で気づけただけでも、すばらしいですね！　自分をほめましょう。

詳しくはP. 35で解説しますが、特に**感情的にしかってしまった場合は、子どものマイナス感情が脳に染み込まないうちに、1秒でも早くフォロー**したいところです。すぐに気持ちを切り替えるのが難しければ、子どもが寝る前までに行いましょう。

ただしそれが「反省会」にならないように注意！　マイナス面の振り返りだけではフォローになりません。**必ず「よかったこと」を伝えて**くださいね。

C 「存在」と「行動」を分けて、自分を責めないで

感情的にしかってしまったママは自分を責めて、「そういえば、あんなこともこんなことも」と悪いことを集めては、「だから自分はダメな親だ」とネガティブスパイラルに……。そんなときはP．12～の解説にあるように**「存在」と「行動」を分けて、自分の評価まで下げない**ようにしましょう。

マイナス思考のときは、脳内の※セロトニンが不足しています。また、女性はホルモンに気分が左右されることがあるので、「イライラはホルモンのせい」にしてしまってもいいでしょう。前に進むためには、まず切り替えが必要です。

※セロトニン……神経伝達物質のひとつで、人間の精神面に大きな影響を与え、心身の安定や心の安らぎに関与する。「幸せホルモン」とも呼ばれる。

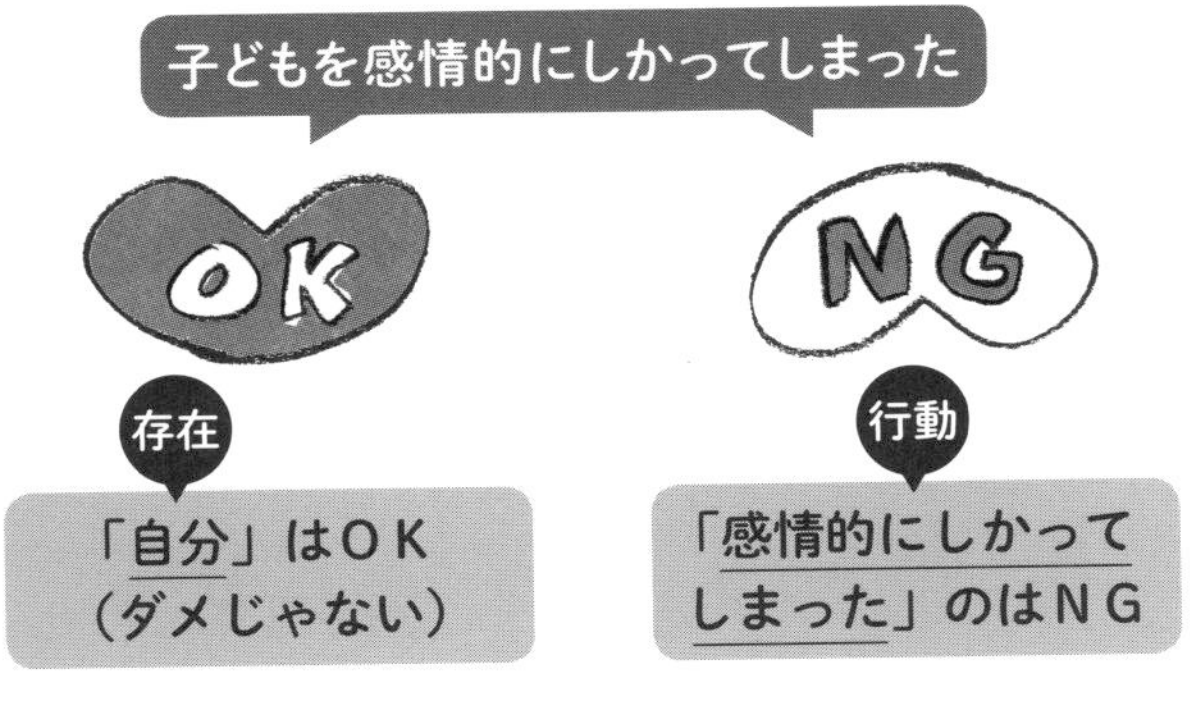
子どもを感情的にしかってしまった
OK
存在
「自分」はOK
（ダメじゃない）
NG
行動
「感情的にしかってしまった」のはNG

子どもをしかるときのポイント

子どもの「存在」を否定するしかり方がNG

しかること自体がいけないというわけでは、決してありません。むしろ、子どもに**「いい・悪い」を伝えるために、ちゃんとしからなくてはならない場面もある**でしょう。ポイントは伝え方とその後のかかわりなのです。

子どもをしかるときに注意したいのは、**「存在」と「行動」を切り離してしかる**ということ。**「あなたがダメなのではなくて、今の行動がNG」**ということを、その理由も合わせて子どもがわかる言葉で伝えましょう。

NG

また**そんなことして！**（行動）
あなた（存在）はほんとにダメな子ね！

▼

OK

○○したら（行動）ダメだよ。

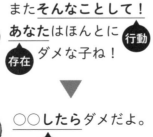

感情的にしかることを回避する方法

怒りを予防するのに、**「想定外のことを想定内にしておく」**のもひとつの方法。「子どもは、大人をイライラさせるような行動をとるもの」と想定しておけば、子どもの行動とママのイメージとのギャップが少し埋められて、感情的にならずにすむかもしれません。

ただ、「怒りが出せる」＝「感情を出せている」ということ。イライラの大爆発を避けるために**感情を出すことも大切。**その出し方がポイントです。

「しかられた経験」から子どもが学ぶこと

生命にかかわること、だれかを傷つけることについては、ちゃんとしかって子どもにその危険性を伝えなくてはなりません。

また、しかられる緊張感やストレスが、子どもの学びに効果的な場合もあります。「こういうことをすると、人を怒らせるんだ」と理解できるよう、き然と「その行動はダメ！」と伝えましょう。そのときには、「なぜダメなのか」も説明してあげてくださいね。

ミニ＊エピソード

ついきつくしかってしまうこともありますが、「1日、朝と夜に2ホメ・2ハグ」の上書きを意識したら、10日で子どものおねしょが止まりました！

「謝る＆ほめる」でイメージを上書き！

つい感情的にしかってしまっても、その後に**フォロー＝「イメージの上書き」**をすれば大丈夫です。しかられた子は「自分はダメな子、ママから嫌われた子」などのマイナスイメージをもちます。そのイメージが根を張らないうちに、上書きしましょう。しかった直後にできればいいですが、難しい場合は**寝る前にスキンシップ＆プラスのメッセージを。**

　子どもが寝た後に「ごめんね」と反省して涙がポロリ、なんてことはありませんか？　でも、それでは伝わりません。子どもが起きているうちに上書きを！　ただし「上書き」は一時的なことも多く、根本的な問題解決にならないことも。「上書きで一件落着」「上書きするからしかってOK」ではなく、子どものかかわりを考えるきっかけにしましょう。

例えば……

- 今日こんなところがすてきだったね
- 大きな声でしかってごめんね
- 今日楽しかったことはな〜に？
- ○○ちゃんのこと大好きよ

ほめる

無理にほめなくてもOK！

「ホメ」にはいろんなカタチがある

Q

あなたならどうする？

子どもと一緒にいるときに、
知り合いの人から
子どものことをほめられて……。

A

ありがとうございます！
（子どもに向かって）
ほめられてうれしいね！

B

うーん、そうですか？
（自分ではあまりそう思っていないけど、一応……）
ありがとうございます。

C

いえ、そんなことないですよ～！
うちの子なんて、何をやっても
ダメで……。

A

ほめ言葉を素直に受け取り、ポジティブスパイラルに

人からのほめ言葉を「ありがとう」と受け取ることができると、親子ともにハッピーでいい気分になれますね！

子どもは「自分にはけっこういいところがあるんだ！」と感じられると、自分を好きになれます。人への思いやりの第一歩は、まず自分を大切に思う気持ち。**他者がほめてくれることは、子どもにとって、自分のよさを知る機会**でもあるのです。そんな貴重な機会を逃さないようにしましょう。

ほめ言葉を素直に受け取ると、ハッ

自分のことが好き！
○○ちゃんのことも好き！
よーし、
頑張るぞ！
自分ってけっこう
いいかも！
気持ち
happy!
ママ「ほめられてよかったね」

ピーにもなれるし、頑張る意欲もわいてくる、自分や人を大切に思う気持ちにもつながる……というように、ポジティブスパイラルを引き寄せますよ。

B ほめ言葉は子どもの魅力を発見するチャンスに

ほめ言葉を素直に受け取れないのは、特に「子どもをほめるのが苦手」「悪いところに目がいきがち」というママに多いかもしれません。

他人からほめられたら、「そういう視点があるのか」「子どもの長所を見つけてもらった」と考えてみてはいかがでしょう？

また、「ほめ言葉をそのまま受け取ると、あまり体裁がよくないのでは？」「社交辞令？」と感じるママも多いかもしれませんが、**「ありがとう」は自慢ではないし、感謝されれば、相手もうれしくなります。**せっかくのほめ言葉なのだから、素直に受け取りましょう！　それは、ママがわが子を肯定することにもつながるのです。

C

子どもがいる前で謙そんはNG!

日本は「謙そん社会」で、ほめられても受け入れにくい風潮がありますが、お願いしたいのは、**お子さんの前で謙そんしないで!**ということ。ママは「謙そん」だと思っていても、**まだ「本音とたてまえ」や「内・外」の感覚がわからない乳幼児にとっては、傷つく言葉にしかなりません。**

また、同じ行動でも、家ではOKなのに、外だと体裁を気にしてほめ言葉を否定し、さらに子どものダメなところを追加して言ってしまうことはありませんか? 小学生くらい

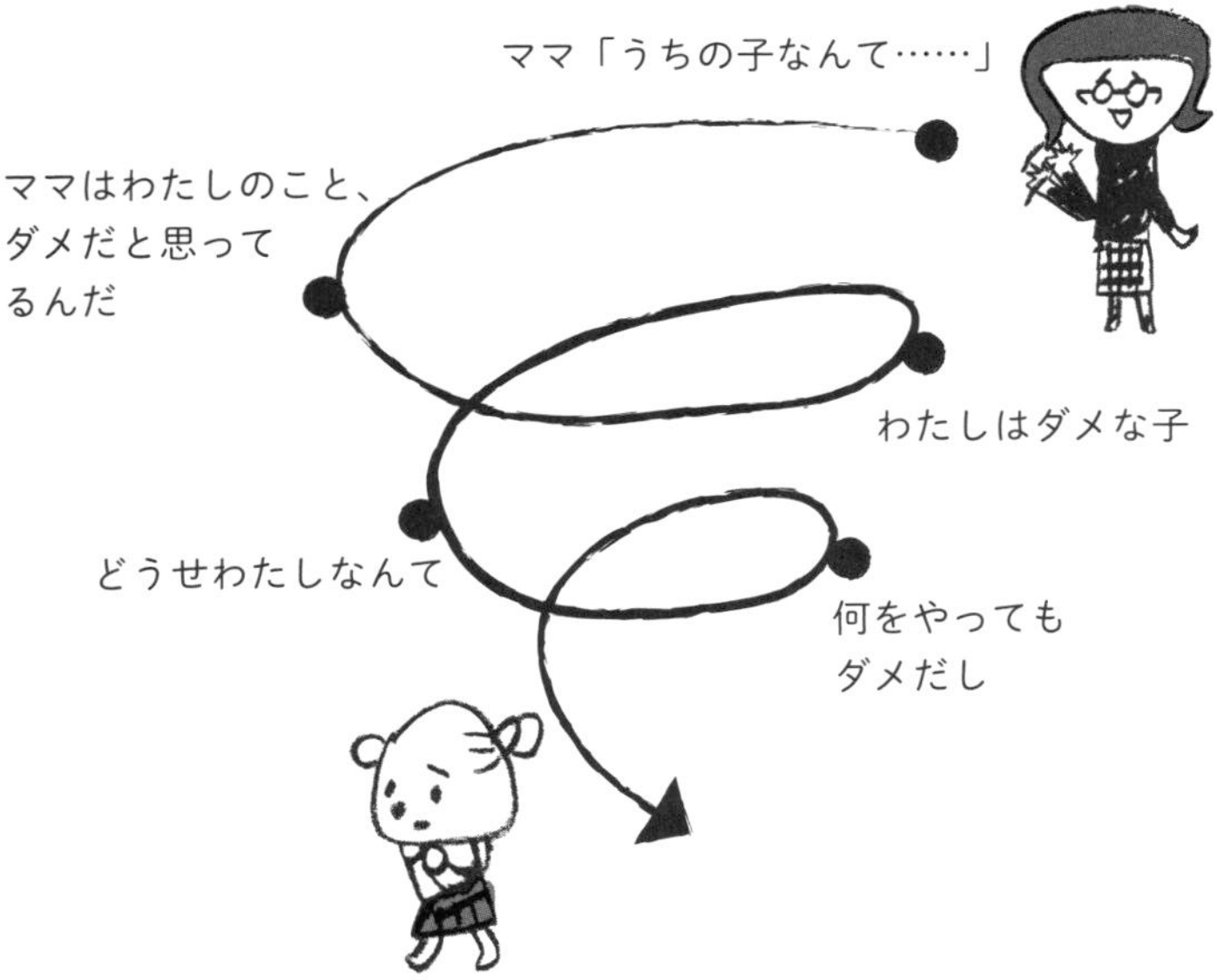
ママ「うちの子なんて……」
ママはわたしのこと、ダメだと思ってるんだ
わたしはダメな子
どうせわたしなんて
何をやってもダメだし

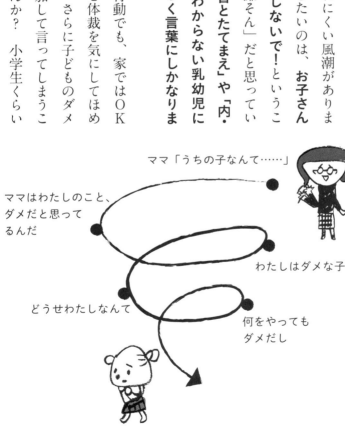

になれば、「外だからそういうふうに言うんだ」とわかってきますが、幼い子は「ママ、本当はわたしのこと、ダメだと思ってるんだ」と思ってしまいます。そしてそれが「ダメな自分」という自己イメージにつながり、「どうせわたしなんて……」と意欲も低下、というネガティブスパイラルを招くことになるのです。

子どもによっては、「ママは家ではほめてくれるのに、なんでさっきは違うことを言ったの?」と混乱し、「ママなんて嫌い!」となってしまうことも。

どうしても謙そんせずにいられない、謙そんしないことがストレスになってしまうママであれば、自分自身のことは謙そんしてもいいですが、**子どものことだけは「ありがとう」**にしていきませんか?

「ほめられない」と悩まないで

1/2・1/4ホメ

ほめ方がわからない、人からほめられても素直に受け取れない、と悩む人もいますが、ほめることができないからダメということはありません。**ほめるコツのひとつが「ホメのハードルを低くする」。**「全部できたらほめる」ではなく、４つのボタンのひとつが留められたらほめる（１／４ホメ）、靴下が片方はけたらほめる（１／２ホメ）と**タイミングを早めると、ほめる機会が増えます**ね。歩いていて「ぐずりそう」と思えば、早めに「今日は自分で歩いてすごいね」と言うと、子どもはぐずらず頑張れたりするのです。

「ホメ」に皮肉はNG！

人からほめられて「家でもいつもこうだといいのに」、おもちゃを片付けたときに「珍しい。明日は雨かも」などと言っていませんか？

ミニ＊エピソード

なかなか食事が進まない子なんですが、嫌いな物をひと口食べたら「すごいね！」と言ってほめるタイミングを早めると自分から食べるようになり、食べる速度も上がりました。

これではほめたつもりでも台無し……。かえって子どもの心を傷つけてしまいます。**皮肉や嫌みを追加せず、ストレートに心からほめましょう。**

「あなたは大事な存在よ」が伝わればＯＫ！

「○○ができてえらいね」という「できる・できない（行動）」の評価だけが積み重なると、「○○ができない自分＝ダメ人間」と感じて失敗を受け入れられなくなることも。「妹の面倒を見てえらいね」だけではなく、「妹に優しくしてくれてありがとう」という感謝や、「○○ちゃんすてき！」と、「存在」を肯定的に受け止める言葉も大切です。

いつも「言葉」で伝える必要はなく、スキンシップや読み聞かせでもＯＫ。**大事なのは「あなたが好きよ」というママの気持ちが伝わることです。**

「○○ができてえらいね」
↓
「行動」ができる・できないの評価

「○○してくれてありがとう」「すてき！」
↓
「存在」を大事に思う気持ちや感謝

ミニ＊エピソード

朝のしたくがスムーズにできたとき、「いつもできないのに、なんで今日はできたの？」「いつもこうだったらいいのに」と、無意識に嫌みを言っていたことに気づきました。反省……！

気になるくせ

つめかみ・チック・指しゃぶりなどの気になるくせ

「やめなさい!」↓「大丈夫!」に

Q

あなたならどうする?

つめかみをやめない
わが子が気になるあなた。
今もまた、目の前でつめを
かんでいます。

A

見かけるたびに、
「ダメよ、つめを
かむのはやめなさい!」
と言い続ける。

B

「何かイヤなことがあるのかな?」
と、その原因を探す。

C

「病気?」
「わたしの愛情不足?」
と不安になり、悩む。

A

「ダメ」は逆効果。関心をほかに向かせましょう

子どもがしきりにつめかみなどをしていると、気になりますよね。人目があると「みっともない」「恥ずかしい」と感じるママもいるでしょう。ただ、**こういったくせはストレス状態や、やることがないときに起こりやすく、「ダメ」「やめなさい！」は逆効果。**子どもはつめかみをする自分を意識してさらにストレスを感じ、ますますやめられなくなってしまいます。

「やめさせる」のではなく、好きな絵本を見る、体を動かすなど**「ほかに熱中できるもの」を見つけてあげましょう。**手あそびや製作あそびなど、手を使うあそびを一緒にするのもおすすめ！　また、手のひらなど体の一部を優しくマッサージすると不安が和らぎ、落ち着くこともあります。

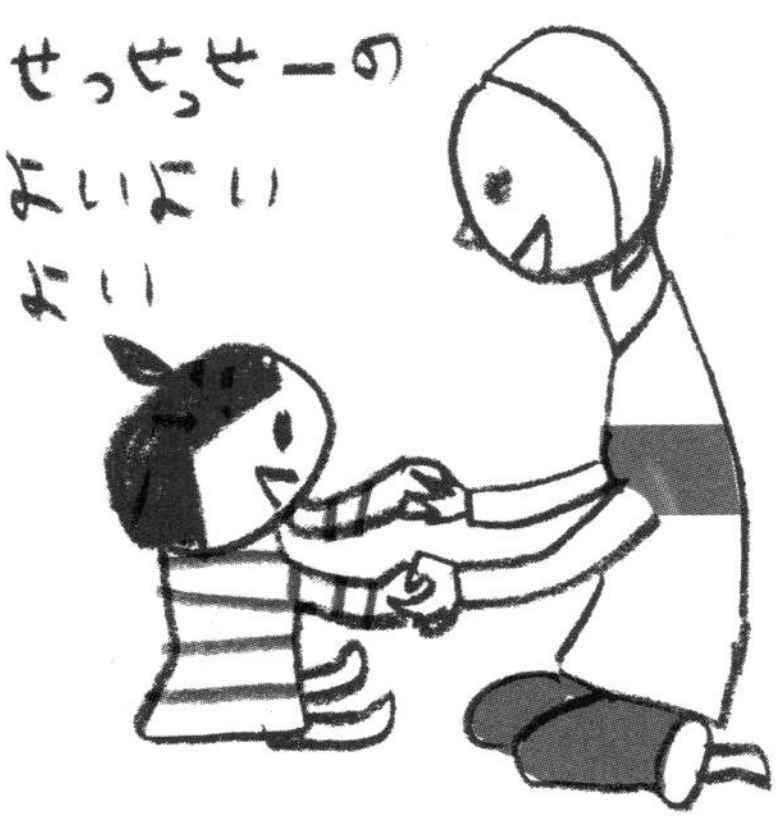

B イヤなものは取り除き、安心できるお守りを

こういうくせのベースにあるのは「不快」なので、**イヤなものを取り除けば少しずつ治まる**ことがほとんどです。

まずはつめをかんでいる状況を見て、その不快の原因を取り除いたり、「○○がイヤだったのね」と、子どもの気持ちに寄り添ってあげましょう。

不安を安心に変えられる、その子の「お守り」を探すのもよいでしょう。例えば手触りのよいタオルや人形など、「これがあれば落ち着く」というものがあれば、いつでもふれられるように近くに置いておいたり、外出する際にも持参するとよいでしょう。スキンシップが好きな子なら、イライラしそうなときや不安そうなときに、優しくふれてあげてください。

❶

❷

❸

気持ちが落ち着く風船人形の作り方

①風船に片栗粉を入れる。
②少しずつ空気を抜く。
③風船の口を結ぶ。
キュッキュする感触が、安心感を与えます。

C ママの不安がくせを強めてしまうことも……

子どものくせに対するママの不安は、敏感な子どもの心にすぐ伝わり、そのくせがますます強まる悪循環にもなりかねません。時には「ゆっくり見守ろう」と前向きに考え、周囲が過剰反応しないほうがいいこともあります。

しかし、「何か精神的なもの？」「愛情不足？」など、ママの悩みが大きくなるようなら、**だれかに相談しましょう。**例えば、かかりつけの小児科のお医者さんや保健師さん、保育者さんに話してみるのもよいでしょう。「心配ですよね」と共感してもらうだけでも気持ちが落ち着くかもしれませんし、「成長過程のひとつ」といった発達の話を知ると安心できるでしょう。

ただし、人によって意見が違ったり、「お母さん、気にしすぎよ」など、求めていたのと違う言葉を返される場合があることも、想定内にしておいたほうがよいかもしれません。またP．51で解説しますが、時に治療したほうがよいケースもあります。

「気になるくせ」へのかかわり方

気になるくせが表れるわけ

気になるくせは、個人差はありますが、特に大きな成長が見られる2~3歳、5~6歳のころに表れることが多く、成長につれてなくなることがほとんどです。

これらは「わざと」ではなく、**不安や不快を感じるときに「反射的に」表れます。**また、成長途中や環境の変わり目に**葛藤《かっとう》や緊張を和らげようとして出る**場合も。特に口周りは敏感で、快・不快につながる感覚が顕著に表れます。快や安心を得ようとバランスをとる手段なのかもしれません。

成長ゆえの葛藤

- 自分でやりたいのにできない
- 伝えたいのに言葉にできない
- 友達とあそびたいけれど輪に入れない　など

環境の変化

- 保育園や幼稚園での集団生活に戸惑う
- 妹・弟ができて甘えられない
- 引っ越して新しい環境になじめない　など

「やめなさい！」が子どもを追い詰める

ひざの皿の下の前面をたたいて脚が上がるのは生理的な反応です。自分の意志によるものではないので、「脚を上げないで！」と言われてもやめられませんよね。それと同じで、**「無意識に出るくせ」に対してしかられても、幼い子はなぜしかられるのかがわからず混乱**してしまうことも……。

そもそもストレスがベースにあるので、「やめなさい」と言われるとよけいにイライラしますし、まだ「がまん」は難しい時期。ましてや、ここでも「つめかみをするあなたはダメな子」と、存在を否定する言葉はNGです。

「大丈夫だよ」の安心とサポートを

ストレス状態なら、**まずは「大丈夫だよ」と安心させて**あげてください。子どもは、**「ママはわかってくれる」という安心感に包まれる**ことでしょう。

例えば……

- イヤなものを取り除く
- 「大好きよ」などのあたたかい言葉をかける
- 優しくふれる
- 安心できるアイテムを探す
- 絵本を読む　など

また、手持ちぶさただったり、「できない」フラストレーションを感じているようであれば、ママのちょっとしたサポートがあるとよいですね。

例えば、大人になってまで指しゃぶりがやめられない、ということはありません。「これは成長の過程」と思って、しからずに見守ってあげてくださいね。

例えば……

・手を使うあそびに誘う
・手伝いをお願いする
・一緒に何かをする
・子どもの気持ちを代弁する
・「貸して」「順番」など友達とのコミュニケーションを円滑にする方法を知らせる　など

ただし、こんなときは専門家へ

チックの場合は、結膜炎がきっかけだったり、まれに慢性的なものや※トゥレット症候群が疑われる場合も。表れ方が激しく、日常生活に支障が出るようなときは薬の服用が必要な場合もあるので、小児科のお医者さんに相談しましょう。

※トゥレット症候群……チックのなかでも重症なもので、大声や奇声を上げるなど、症状の表れ方も激しい。

ミニ＊エピソード

5歳の息子が同じタオルをずっとしゃぶるので、洗濯しようとしたら大泣き！　同じ柄のハンカチを渡すことを繰り返すと、だんだんと慣れてきました。無理は禁物ですね。

ヒントPLUS!

悩ましい子どもの「偏食」

「くせ」とは少し違いますが、「偏食」も気になる姿のひとつ。せっかく作った離乳食を食べてくれないとショック！ 不安になるママもいるでしょう。赤ちゃんは初めて口にする物ばかりで、「不快」と感じると全部がイヤになることがあるので、無理強いはNG。**この時期は栄養に神経質にならなくても大丈夫**なので、「こうあるべき」にとらわれず、まずは**食事を「楽しい体験」にしましょう！**

イヤがるときは「食感・味・匂い」に何か苦手がある場合があり、調理法を変えるとOKになることも。すぐにあきらめずに工夫してみましょう。好きなキャラクターがあれば、その絵柄の器だと食べられることもあります。また、**食事をサポートするママの表情もポイント！** 不安やいらだちはママの表情をこわばらせ、子どもも同じ表情に……。食事には家族の笑顔があるといいですね。

言葉がわかるようになれば、「嫌いな物を食べたら、好きな物を食べていいよ」というふうに、挑戦したり、がまんすることを覚えたりするかかわりも必要になりますが、そのベースにも「食事は楽しい、うれしい」という実感が必要です。

ただし、感覚がデリケートで極端に食が進まない子、どうしても食べない理由がわからない場合は、栄養士さんや保健師さんに相談してください。

PART 2

子どもとの関係づくり

乳幼児期は、愛着関係を築く大切な時期。
でも、「愛情」「スキンシップ」「母性」といった言葉に、
プレッシャーを感じるママもいるかもしれませんね。
焦らなくても大丈夫。
あなたと子どものペースで、少しずつ関係を深めて
いくためのポイントを解説します。

子どもの泣き

大変だけど……赤ちゃんの「泣き」の理解が「親子関係」を築くスタート地点

Q

あなたならどうする？

とにかくよく泣き、
なかなか泣きやまない
わが子（1歳）に、
ヘトヘト……。

A

泣くたびにとにかく
駆け寄る。

B

イライラしてどなる。

C

途方に暮れてしまい、
ときどき放置……。

A まずは駆け寄るだけでも十分！

しょっちゅう子どもが泣き、しかもその理由がわからないと大変ですよね。でもまずは、ただ駆け寄るだけでも十分！　ママ、頑張っていますね。

子どもは、泣いているときにだれかが近寄ってきて、悲しみを共有しようとしてくれるだけで、**「自分の気持ちに寄り添ってくれる人の存在」**を感じています。人とつながる第一歩ですね。ママも一緒に悲しい顔をするなど、同じ感情表現の動作をするだけで落ち着く子もいます。

ただ、やはり泣く理由がわからないと、行き詰まってしまいますよね。そんなときは、**「どんなときに・なぜ泣くのか」を観察・理由探し**をすると、泣きのパターンがわかってちょっと楽

子どもが泣いたら……

「まず駆け寄る」
＋
「観察して理由を考える」どんなとき？　なぜ？

暑い？

おっぱいがほしい？

抱っこしてほしい？

になれるかもしれません。P.62~の「『泣き』の翻訳リスト」も参考にしてください。

B

自分の「イライラ」を自覚できればOK!

特に疲れているとき、思わずどなってしまうこともありますよね。気づかないうちに長時間……ということも多いようです。**どなられる状態が続くと、子どもにとってママが恐怖の対象になることも。**まずは、ママ自身が「イライラしてどなっている自分」に気づけるといいですね。

ママが落ち着けば、子どもも落ち着いてくる場合があります。ひとまず深呼吸。そして**「泣きは赤ちゃんの限られた会話の手段」「無理に泣きやませようとしなくていい」**と、少し肩の力を抜きましょう。「泣きやまないこの子はダメ」でもなく、「泣きやませられないあなたがダメ」でもないのです。

もし、この本をパパやばあば、じいじが読んでくれていたら、**どうかママを責めるのではなく、ケアしてあげて**ください。「大変だね」「子どもは泣くものだから」といった優しい言葉が、ママの心を癒すことでしょう。

C

途方に暮れたときは、気持ちを吐き出して

泣き声から逃げ出したくなることもありますよね。どうしたらいいかわからないとき、それを避けたいと思うのは人の自然な心理です。

子どもが泣くのはママに何か伝えたいとき。ただ、大人には想像もつかないような理由で泣くこともあり、特に最初はみんなわからないものなので、人に聞くのを恥ずかしく思う必要はありません。ママ友や保健師さんに聞くと、「布団の刺しゅうがあたるから?」「光がまぶしいのかも」など、違った視点を指摘してくれて、あっさりと解決することも。

気持ちの落ち込みが続くと、うつ気味になることもあります。時には気持ちを吐き出して、ほどよい加減で育児と向き合ってくださいね。

例えば……

- 友達にぐちを聞いてもらう
- 自分の気持ちをノートに書き出してみる
- ソーシャルネットワークやネットの掲示板を利用してみる　など

※ただし、いたずらに意地悪な意見を書いてくる人もいるので注意！

「泣きへの対応」が愛着形成に

ここから始まる ママと子どもの関係づくり

赤ちゃんが泣き、ママが適切な対応を繰り返すことで、子どもは「自分は大切な存在であること」や「人とつながる心地よさ」を感じ、愛着関係が築かれます。しかし放置され続けると、なかなか人と関係が築けません。

「泣いたら、ママが来てくれた」というやりとりを重ねて、子どもはママという安全基地をベースにひとりで動き回れるようになり、「困ったときに自分でSOSを出せる」子に成長します。ここが育たないと、いつま

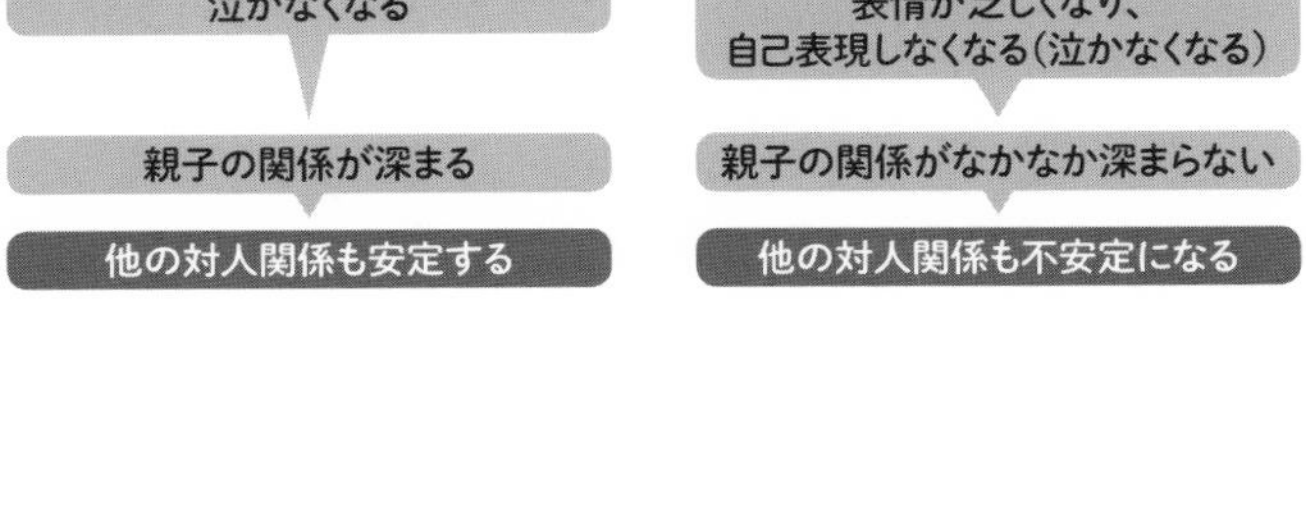
赤ちゃんが泣く
だれか（ママ）が守ってくれる
守られる安心感
泣かなくなる
親子の関係が深まる
他の対人関係も安定する
だれにも相手にされない
無力感
表情が乏しくなり、
自己表現しなくなる（泣かなくなる）
親子の関係がなかなか深まらない
他の対人関係も不安定になる

でも不安が強く、親から離れられない子になってしまうかも……。

「泣き」は大好きなママを必要としているサイン。最初は大変ですが、ここで丁寧にかかわることが、その後のスムーズな成長につながります。親子のファーストコミュニケーションを少しずつ楽しめるといいですね。

泣き声がイヤだと思うときもある

乳児のママは、睡眠不足で慣れないことも多くて大変。そんなとき子どもが泣きやまないと、イライラして子どもの口をふさぎたくなることもあるかもしれません。特に下記のような場合は、泣き声を苦痛に感じやすいことがあります。

例えば……

- 産後でホルモンバランスが崩れているとき
- 生理前や生理中
- 音への感度が鋭いママ　など

これらは**生理的な拒否反応で、愛情の問題ではありません。**「自分はダメな母親」「母性が足りないのかしら……？」などと悩まないでいいのです。

生後1～2か月は比較的静かでも、2～4か月にひどく泣く時期があるということも知っておくと、心の準備になるでしょう。ただし、感覚が繊細だったり不調がある場合は何をしても泣きやまないことも。心配であれば保健師さんに相談しましょう。

泣きは、大切な「言葉のレッスン」のチャンス

「赤ちゃんには言葉はわからないだろう」と思う人もいるかもしれませんが、実は子どもが泣いたときは、「言葉」のレッスンのチャンス！　難しいことではありません。**子どもの気持ちを実況中継すればOK**なのです。

子どもは「こんなとき、こう言えばいいんだ」と脳にインプットし、次第に自ら言葉で要求するようになります。そうなればだいぶ意思疎通もスムーズになりますね。それまでの間、ママが安全基地になってあげてください。

例えば……

悲しかったね

気持ち悪かったのね

おむつを取り替えたから
気持ちがいいね〜

おっぱいが欲しかったのね

ミニ＊エピソード

「母親がリラックスすると、子どもは安心するのよ」……電話口の母の言葉で落ち着きを取り戻し、子どもを抱っこすると泣きやみました。自分にゆとりがあると子どもも安心するのですね。

ヒント PLUS!

「泣き」の翻訳リスト（0〜2歳くらい）

子どもの「泣き」にはいろいろな意味があり、ワーン！と思い切り泣く・ぐずる・さめざめと泣くなど、泣き方も実にさまざま。赤ちゃんは「生理的な欲求」から本能的に泣くことが多く、やがて周囲の人の存在がわかり、自我や言葉が出始めると、「泣き」の表情もより豊かになります。

「泣き」は子どもの言葉。大人が代弁することで、子どもは泣かずに思いを伝えられるようになります。ここに、赤ちゃん〜言葉が出始めた子の「泣き」の一部の翻訳を紹介します。これを参考に子どもの「言葉」を想像してみてください。

「泣きの翻訳リスト」

※【↓○○○】は成長にともなって見られる泣きの変化の姿です。

生理的な不快

□おなかがすいたよ／のどが渇いたよ／もう食べたくない（残したい）

□眠たい〜！／眠たいのに眠れなくてイヤ！（タイミングがずれた）／興奮が冷めない

□体がだるいよ（熱があるなど）／気持ちが悪いよう　□暑い！／寒い！　□うんちが出ない！

□おしっこ・うんちが出ておしりが気持ち悪い！【↓自分でトイレに行き、失敗して泣くことも】

□服が濡れて（汚れて）気持ち悪いなあ【↓怒られると思って泣くことも】

□痛い！（ぶつかったり転んだり）【↓痛そうでも泣かないのに「大丈夫？」と聞くと泣くことも】

人とのかかわりを求めて

□さみしいよう　□抱っこして！　□あそびたいなあ

不安感・怒り

□○○したいのに、どうしてそうならないの!?（思い通りにいかない）
□○○してほしいのに、なんでしてくれないの!?（要求をがまんさせられた／「ダメ」と言われた）
□心細いよう　□びっくりした！　□この人だれ？　□失敗するかもしれない
□（ママや周囲の大人がイライラ、忙しくて）怖いよう　□（大きな声・音が）怖いよう
□おもちゃを取られる！（きょうだいや友達が近づいてきて）　□自分でやりたいのに！
□いつもできることができなくてイヤ！（周囲の大人が忙しい）
□怒られて悲しいな【↓怒られる……！と察知して泣くことも】
□泣いたら怒られてどうしたらいいかわからないよ／泣きやみたいのに、もっと悲しくなってくる
【↓「どうして泣いてるの？」と聞くと、泣きながら答えてくれることも】

その他

□寝起き　□夕暮れどき（あそびや外出で疲れてぐずる／日中に受けた刺激がフラッシュバック）
□「○○が欲しい・したい」とき【↓しゃべれるけれど、言葉で言えないもどかしさで泣くことも】

スキンシップ

スキンシップをイヤがる子も……
愛情表現は「抱っこ」以外にもたくさん！

Q あなたならどうする？

わが子を
ハグしようとするたびに、
子どもから拒否されて……。

A

子どもが
イヤがっていても、
ハグをする。

B

「拒絶された……？」と
戸惑い、悩む。

C

子どもとのスキンシップを
あきらめる。

A 無理やりハグはNG！ その子の「安心」を考えて

わが子にふれて愛情を伝えたいというママの思いはごく自然ですてきな感情ですし、特に子どもが小さいうちは、「たくさん抱っこしてあげて」「スキンシップが大事」と周囲の人から言われることも多いでしょう。

ただ、**「ふれあい」が苦手な子も**います。特に、後ろから急にふれられると、びっくりして不安になるのです。そのような子にハグを無理強いし続けると、ママの存在自体が不快になり、攻撃したり避けたりすることも……。

スキンシップは確かに重要ですが、**大切なのは子どもに安心感を与えること。**スキンシップをイヤがる子なら、無理に抱かないことが安心感を与えることになりますね。例えば、手や背中など体の一部を少しずつ触って様子を見たり、「抱っこするね」と予告すれば大丈夫という子もいます。

「スキンシップができないのはダメな親」と勘違いしないようにしましょう。そして、その子が安心できるかかわり方を見つけられるといいですね。

B

「ママの存在」を拒絶しているわけじゃない

ハグをイヤがられると拒否されたようで悲しくなりますが、ここでもP．12〜の解説にあるように**「存在」と「行動」を分けて考えて**みましょう。

子どもは**「ママがイヤ」なのではなく、「ハグがイヤ」**なのだと考えると、少し見方が変わりませんか？　言葉がわかれば「抱っこ好き？嫌い？」と聞いてもいいですね。Aで解説したように「ふれる感覚がイヤ」という場合もあれば、ママのセーターのチクチクや化粧品の香りに拒否反応を示しているのかもしれません。また、「おばあちゃんの抱っこは大丈夫なのに」というときは、抱っこの仕方に何か違いがあるのかも。安

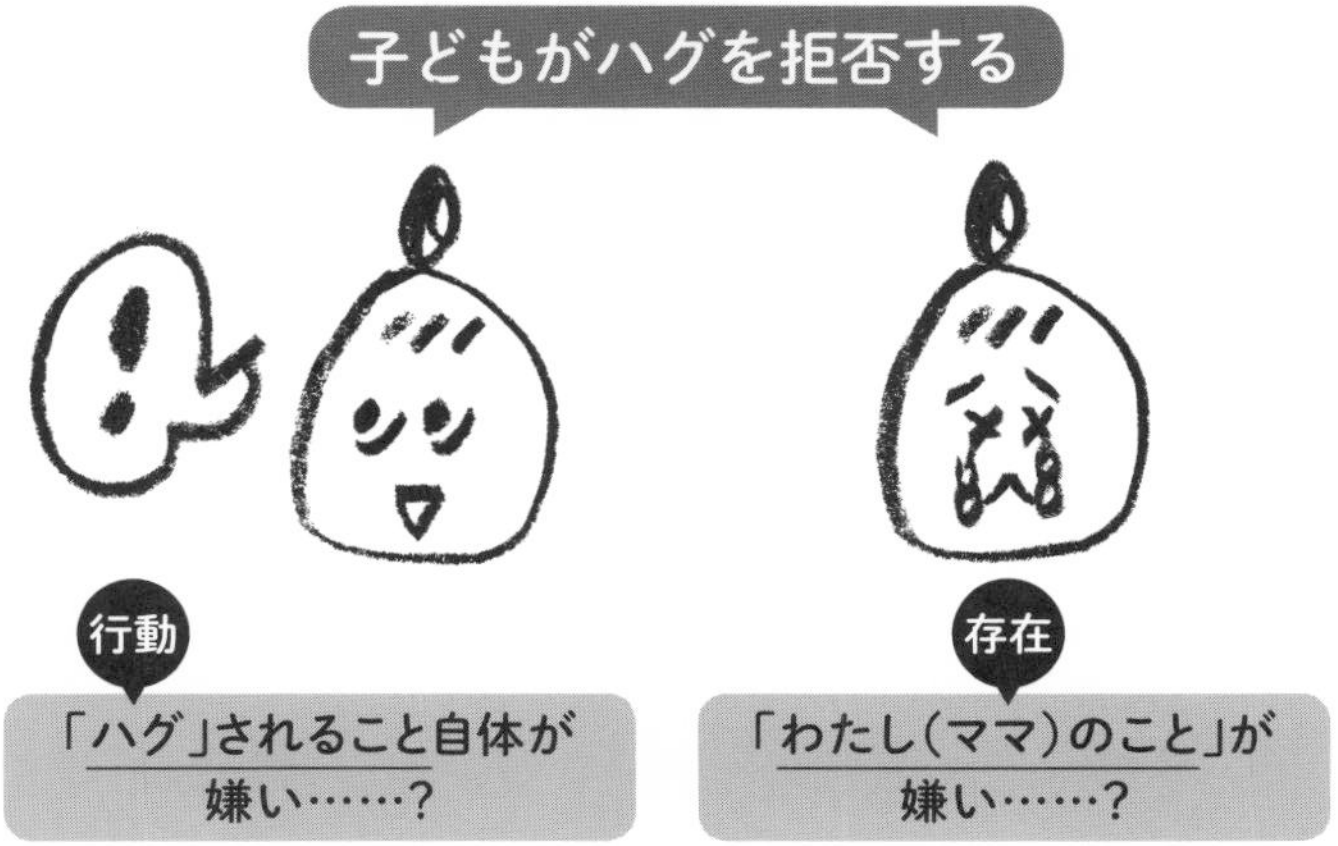

子どもがハグを拒否する
行動
「ハグ」されること自体が嫌い……？
存在
「わたし（ママ）のこと」が嫌い……？

定感のあるふっくら体型の人に抱っこされると、安心する赤ちゃんもいます。原因はささいなことだったりしますし、ママの不安は子どもにも伝わります。ひとりで悩まず、だれかに聞いたほうが解決への近道かもしれませんよ。

C スキンシップ以外の「ふれあい」はたくさん！

感覚がデリケートな子だと、接触の苦痛ががまんできるレベルではないことも。そういうときは、スキンシップは避けたほうがいい場合もあります。**「スキンシップをしない」＝「無関心」ということではありません**し、「抱っこして育てなきゃ！」と思い込むほうが危険な場合もあります。例えば、言葉で愛情を伝える、一緒に絵本を読む、目と目を合わせてにっこりほほ笑むなど、**「直接ふれる」以外の方法を探して**みましょう。

心と心が通い合えば、それもふれあいのひとつです。そうやって愛着関係を築いていって、子どものほうからスキンシップを求めてきたときには、ぜひ、応じてあげてくださいね。

「触覚」にも個人差がある

イヤなものを取り除いてくれる人＝安心の対象

例えば味覚に「好き・嫌い」があるように、**皮膚感覚がデリケートで、人とふれあうのを生理的に苦痛と感じる子も**います。「黒板を引っかく音」は想像しただけでゾッとする人が多いのではないでしょうか。スキンシップにも、そんな嫌悪感をもつデリケートな子どもがいます。**「イヤなこと」には個人差があるの**です。

「イヤなものを与え続ける人」は「不快」の対象になり、「イヤなものを取り

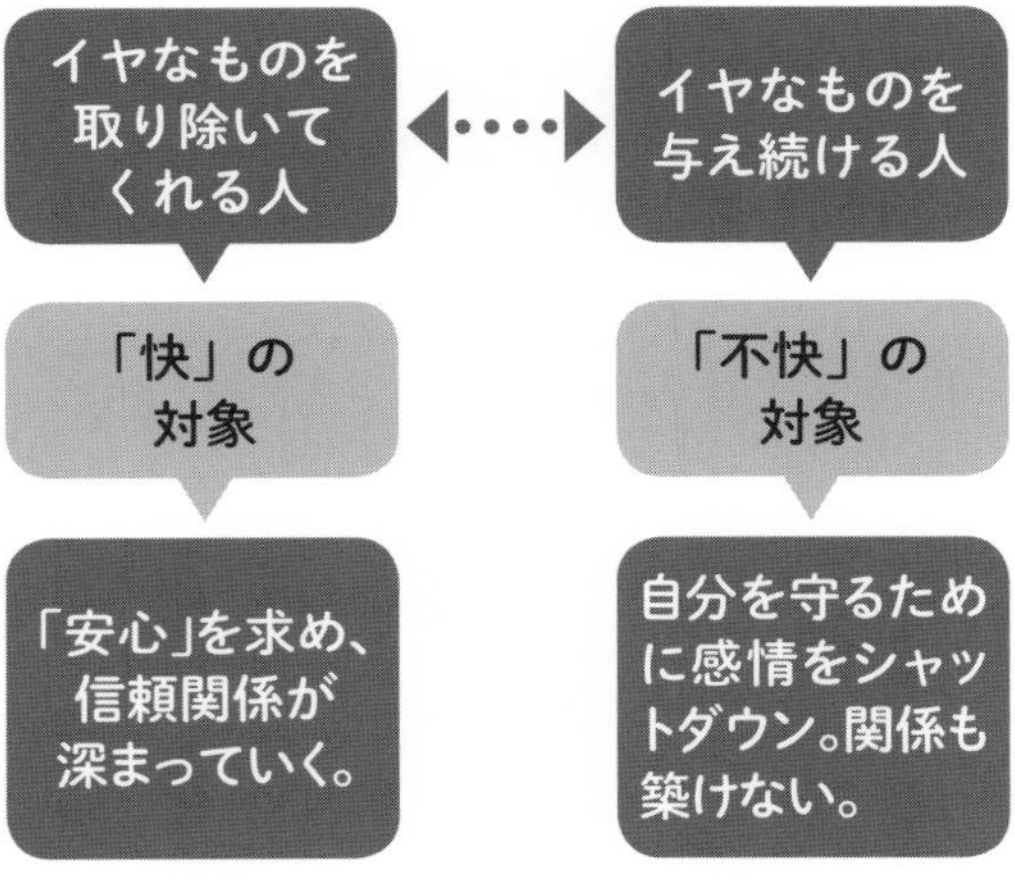
イヤなものを取り除いてくれる人
「快」の対象
「安心」を求め、信頼関係が深まっていく。
イヤなものを与え続ける人
「不快」の対象
自分を守るために感情をシャットダウン。関係も築けない。

除いてくれる人」は「快」の対象になります。

皮膚感覚がデリケートな子は、人との接触だけでなく、肌にふれる物全般に対して敏感。例えば、綿や麻ならOKだけど化繊だと「痛い」と感じたり、洋服のタグが気になったり、縫い目がふれるのを不快に感じたりします。こういった様子に気づき、不快を取り除いてあげられたら、**「ママは不快を快に変えてくれる大事な存在」**だと感じ、愛着関係を築くきっかけになります。

スキンシップにも「相性」がある

肌感覚の個人差は大人にも当てはまり、抱っこや授乳が苦痛というママもいます。「愛着形成にスキンシップが大事」「母乳育児がよい」などと言われるとイヤでもやらなきゃと思い、それがストレスになる場合も。親子のスキンシップの相性を考えると、次の4パターンになります。

1…子どももママもスキンシップが好き
2…子どももママもスキンシップが嫌い
3…ママはスキンシップが好きだけど、子どもは嫌い
4…子どもはスキンシップが好きだけど、ママは嫌い

1・2の場合は問題になりにくいのですが、3・4の場合はどちらかが求めているのに拒否されてつらい……という事態に陥ります。

子どももママも無理しない

抱っこしてほしいときに拒否された経験が重なると、子どもは「ママはぼく（わたし）のことが嫌いなんだ」と自信を失い、このすれ違いが親子の愛着形成を阻んでしまいます。でも、だからと言って無理は禁物。

ハグではなくて「1秒握手！」をしたり、「○○ちゃん好きよ」と言葉で伝えるなど、**違う形で心を通わせる方法を見つける**こともできますし、**ママが「上手に断る」配慮も必要**です。「○○ちゃんのことは大好きだけど、今ママはおなかが痛くて抱っこできないの。ごめんね」と、**子どもの「存在」がイヤなのではなくて、「抱っこできない理由」がある**ことをしっかり伝えましょう。

子どももママも互いが安心できる方法を見つけて、ストレスフリーな関係づくりを目指せるといいですね。

ミニ＊エピソード

娘を抱っこしようとしたら「今あそんでる」と断られ、少しイライラ……。でもそんな娘の横で「大好きよ」と言うと、わたしに笑顔を見せてくれました。「ふれあい」は抱っこだけじゃないのですね。

性格タイプの違い

ワイワイタイプのママ、ひとりが好きなタイプの子

「性格のタイプ」は親子それぞれ

Q

あなたならどうする？

いつもひとり、
家でもくもくとあそぶわが子。
もっと友達と外で元気に
あそんでほしいのだけど……。

A

とにかく子どもを
外に連れ出そうとする。

B

園での様子を
保育者に聞いてみる。

C

とりあえず、子どもと
一緒にあそんでみる。

A

無理やり連れ出すのはNGの場合も

「集団」を大切にしている人は、ひとりでいるのはあまりよくないととらえがち。特にママが社交的だと、さらにそう感じるかもしれませんね。

しかし、**外の刺激が苦痛で、集団よりひとりのほうが心が安定する子もいます。**そういう子を無理やり外へ連れ出すと不快感が強まって、ますます外へ出ることをイヤがり、逆効果になることも……。

乳幼児の場合、「安全・安心」を満たすことが第一です。集団の時間が増えていく園や学校での生活にも、徐々に慣れればOK。今は「集中してあそべてすごいね！」といいところに目を向けて、見守ってあげませんか？

B

客観的な意見は、わが子の理解を深めるヒント！

保育者は発達の知識を踏まえ、ひとりひとりの状態や性格もよく把握しているので、具体的に説明してくれるでしょう。保健師さんに相談するのもいいですね。

例えば、あそびには次のような段階があるといわれています。

・**平行あそび**
2〜3歳ころ。同じ場所にいても特に交流することなく、それぞれにあそぶ。

・**連合あそび**
3〜4歳ころ。友達に関心が向き、おもちゃの貸し借りをするなど、かかわり合いが見られるあそび。

※年齢は目安で個人差があります。

こういったことを踏まえ、「○○ちゃんは、今はひとりでじっくりあそびたい時期なのかもしれませんね」とか、案外「園ではお友達とよくあそんでいますよ」といった話が聞けるかもしれません。

C 一対一であそんでみて、少しずつ外の世界へ……

ひとりでもくもくとあそぶ子どもには、**いきなり「集団」ではなく、まず「一対一」の時間が必要**です。ママやきょうだい、友達など**その子が安心できる**

相手とあそび、「楽しい」と感じられることが大切。一緒にあそんだり、あそぶ姿をしっかり見ることで、子どもが楽しいと感じるツボがわかってくるでしょう。

少しずつ周囲に関心が向いてきたら、公園などに出かけて、下のようなステップで集団あそびへいざなってみましょう。

いきなり「あそんでおいで」ではなく、ひとりでは不安だったり、新しい場所や友達に慣れるのに時間が必要な子どもの気持ちを受け止めながら、**「入れて」などの言葉かけやあそびへの入り方の手本を示し**ましょう。

「お友達が砂場でお山を作ってるね」と、ほかの子どもたちがあそんでいる様子を、親子で一緒にしばらく観察。

子どもがあそびに入りたがっているようであれば、ママが「何をしてるのかな？　入れてくれる？」と橋渡しをして、親子一緒にあそびの輪に入る。

様子を見ながら、ママは徐々に抜けていく。

ママ自身と子どものタイプ

あなたはどのタイプ？「外向」「内向」

心理学者のユングは、**人の基本的な性格として「外向」「内向」の2つのタイプがある**と言いました。図のように、タイプによってどんなことで心が安定するか、何をストレスと感じるかなどが違ってきます。

これらのタイプは、**エネルギーがどちらに向いているかの違いであって、どちらがいい・悪いということではありません。**

●外向タイプ		●内向タイプ
外界に向いている	興味の方向	自分の内面に向いている
みんなで何かを一緒にやっているとき	心が安定するのは？	ひとりで好きなことをしているとき
だれかに話を聞いてほしい	落ち込んだときは？	ひとりになりたい

タイプの違いは、親子関係を築くヒントに

親と子で必ずしもタイプが一致するとは限りません。P.73の例のように、ママは外向タイプで人とかかわることを楽しいと感じ、子どもは内向タイプでひとりで過ごすほうが好きという場合もあります。

こういった「違い」を知っておけば、子どもにとって苦痛なかかわりを避けられますね。また、子どもの性格を尊重したかかわりは、「ママは自分のことをわかってくれている」という安心感にもつながります。

あらゆる人間関係に通じる、「自分と人は違う」

自分のタイプを知り、**「自分と人は違う」とわかることは、親子関係だけでなく、あらゆる対人関係で大きなポイント**になります。

先ほどの例とは逆で、子どもは外向タイプで友達とあそびたがり、ママは内向タイプで、ママ友仲間に入るのが苦痛……というケースもありますよね。だからといって子どもがあそんでいる間、ママが無理して外向タイプになろうとする必要はありません。自分から話そうとしなくても、よい聞き手に徹

ミニ＊エピソード

わたしは外向的ですが、子どもが引っ込み思案。集団が苦手なら、無理強いはNGと知り、子どもがひとりになれる時間を確保したら、笑顔が増えました。親子でも性格は違うんだと実感しました。

して相手の話を聞く、相づちを打つだけでも、立派なコミュニケーション！ある程度、子どもが同年代の子と楽しむ時間を確保できればOKです。「不特定多数のママ友」よりも、「少数でも親しいママ友」を目指しましょう。

また、**タイプの違いを夫婦間で感じることも多い**のではないでしょうか。それは、「週末の過ごし方」に顕著に表れます。「せっかくの休みだから外出したい！」となるか、「休みくらいひとりで過ごしたい」となるか……。重要なイベントは一緒に過ごし、**時には互いの違いを尊重して別々に過ごすのも大切。**どちらかが無理やり自分のタイプを押し付けると、苦痛ですね。無理せず自分らしくいられる……それだけで、ストレスはずいぶん減らせるのです。「素の自分」を出せる家庭になるといいですね。

ミニ＊エピソード

上の子は積極的、下の子は初めてやることはすべてイヤ……。下の子の性格を変えたいと焦り、ついしかっていました。でも個性の違いと思ってしからなくなったらおねしょが直り、驚きました。

ママの本当の気持ち

罪悪感をもたないで！

「わが子がイヤ」と思ってもOK

Q

あなたならどうする？

わが子がイライラさせる
行動をした後、
「ママ、わたし（ぼく）のこと
好き？」と聞いてきました。

A

イライラを
ぐっとこらえ、
「好きよ！」と
答える。

B

イライラして
「好きなわけない
でしょう！」と、
どなる。

C

モヤモヤ感を
言葉にできず、
まずハグをする。

A

子どもの気持ちに寄り添った「好きよ！」は◎！

子どもはママをイライラさせるときにかぎって、こんな質問をしてくることがあります。不安になり、愛情を確かめようとするのでしょう。もしかすると、この瞬間のママの正直な気持ちは「好き」ではなかったかもしれませんが、子どもが求めている答えを察して返したママに拍手！

嫌いなのに「好き」と言うことに罪悪感をもったり、うそはつけないと思うママもいるかもしれませんが、**大切なのは本心を伝えるより、子どもが「安心する言葉」を返す**ことなのです。

ただ、**望ましくない行動については「その行動はよくないよ」ということも伝え**ましょう。「こんな行動をしても許される」と勘違いしたり、ママの注目を得ようと「わざと」悪いことをするといった、間違った学習をしてしまう子もいます。

また「うっかり」か「わからない」でうまく行動できていない場合は、P.24〜の「4つの視点」も参考に、適切な行動を知らせましょう。

B「好きじゃない」＝「存在否定」にならないように

普段、子どもがママの愛情を十分感じて安心できていれば、Bのように答えても、「ああ、ママは自分のこの行動が好きじゃないんだ」「こういうことはしちゃいけないんだ」と、理解できるかもしれません。

しかし、愛着関係が築かれていない状態で「好きじゃない」とだけ答えると、「自分はママから嫌われてる……」という悲しい気持ちが強く残り、子どもの自己イメージも下がってしまいます。

イライラが重なると「もう、この子ほんとやになっちゃう！」と感じることもあるでしょう。その気持ち自体を

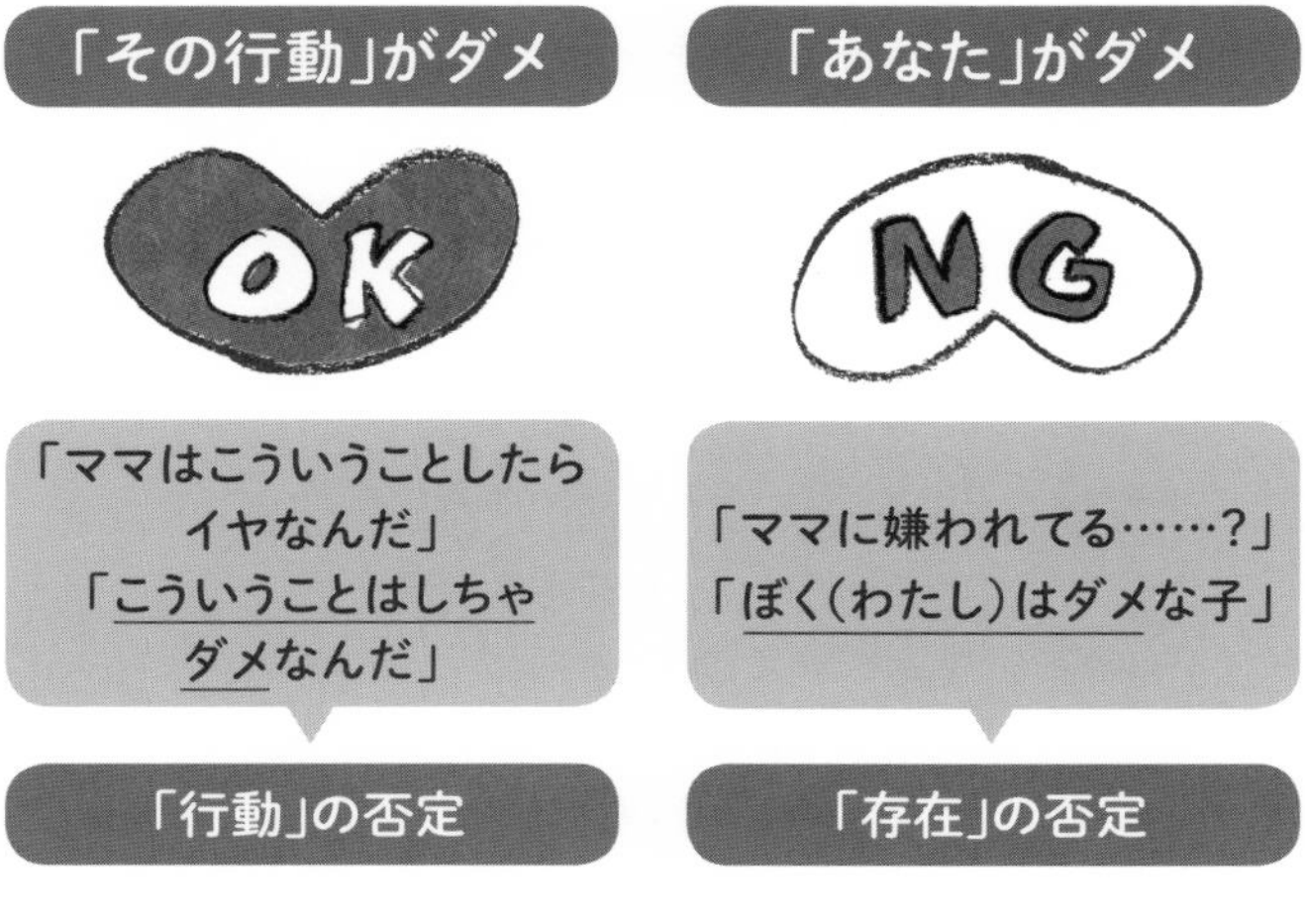

「その行動」がダメ
OK
「ママはこういうことしたらイヤなんだ」「こういうことはしちゃダメなんだ」
「行動」の否定
「あなた」がダメ
NG
「ママに嫌われてる……？」「ぼく（わたし）はダメな子」
「存在」の否定

無理に打ち消す必要はありません。しかし、子どもの存在を否定してしまうと、本当に必要なことが伝わらず、お子さんの心は大きなダメージを負ってしまいます。**「あなたがダメなのではなくて、その行動が×」**とフォローしてあげられるといいですね。

C ハグ＋言葉で伝えられれば、さらにGOOD！

正直な気持ちを口に出すと子どもを傷つけるし、でも「好き」と言える心境でもないし……というママの葛藤《かっとう》の結果が、「ハグ」として表れたのかもしれませんね。子どものことを気遣える優しいママです。

ハグをすることで、ママ自身が少しクールダウンできて、親子ともに気持ちや行動を切り替えるきっかけになる効果も期待できます。ただ、なかには言葉にしないと伝わらない子もいますし、P．69～でも解説したように、ふれあうことをイヤがる子もいます。できれば**ハグのほかに、「言葉」で安心させてあげられたり、適切な行動を伝えてあげられるとベター**です。

「イヤ」と思う自分を責めないで

子どものことをイヤと思うときもある

世間では「女性には母性があって当然」という考え方が根強く、「わが子をイヤと思うことがある」とは言いにくい風潮がありますよね。**でもママだって人間。イライラしたり、感情が揺れたりするのが自然**です。

子どもが言うことを聞かなくて自分の無力さを感じ、周囲から「母親失格」と見られている気がして自信をなくすこともあるでしょう。突然の妊娠に戸惑うママ、キャリアを棒に振り社会から取り残されたと感じるママ、泣き声や抱っこが生理的に苦痛！　というママも。親から愛された実感がなく、子どもの愛し方がわからない人もいるかもしれません。

子どもにプラスの感情を向けられないのはだれにでもあることで、それが365日24時間にならなければ大丈夫。また、子育てのために犠牲を払っていると感じるママも多いでしょう。でも、**育児体験は、「人生・キャリア・**

ミニ＊エピソード

しかった後、娘がしつこく「ママ、ミクのこと好き？」と聞いてきて無視していましたが、「大好き」と言ってハグしたら、聞いてこなくなりました。安心感が大切なんだと実感しました。

対人関係すべての財産」になります！　視野が広がり、コミュニケーション力が向上するなど、きっとあなたの人生を豊かにしてくれるでしょう。

「あなた」や「子ども」がダメなんじゃない

子どもを責め、そんな自分を責める状態にあるときは、本書の基本＝**「存在と行動を分ける視点」で、少し冷静な自分を取り戻す**ことができます。

落ち込みが続くとうつになったり、親子のかかわりに支障が出ることも。そんなときは無理せずに家族や友人、保健師さんなどにＳＯＳを！　少し距離をおくとリラックスして、親子が互いに安全・安心を感じられるでしょう。ファミリーサポートや一時保育なども利用してみましょう。

例えば……

- **イヤなのは「子ども」ではない「子どもの行動（言うことを聞かない、友達を泣かせてしまう、走り回る……）」。**
- **「ママ」が悪いのではない「やり方（子どもへの接し方、言葉のかけ方、ほめ方やしかり方）がわからない」だけ。**
- **「だれも」悪くない「スキルがわかっていない」だけ。「状態が悪い」だけ。**

ミニ＊エピソード

友達にけがをさせ、ママ友との関係悪化で自分を苦しめるわが子を好きになれない……。でも、「イヤなのは行動。子ども自身じゃないから、自分を責めなくていい」と知り、安心しました。

PART 3

子どもへの言葉かけ

普段、何気なく子どもにかけている言葉。
実は、ママが言葉に込めた意味と、
子どもの受け取り方に
すれ違いが生じているかも……？
乳幼児期に起こりがちな会話のズレに注目して、
親子のコミュニケーションがうまくいく
言葉のかけ方を紹介します。

あいまいな言葉

「それ取って」「早く！」「大切に」……

その言葉、子どもはわかっていないかも⁉

Q

あなたならどうする？

「早く準備して！」と言っても、なかなか言うことを聞かないわが子にイライラ……。

A

とにかく「早く！早く！」と、同じ指示を何度も繰り返す。

B

「早くしなさい！」としかる。

C

「この間も遅れちゃったでしょ！そういえばあのときも……」と、ほかのことまでもち出す。

A

同じ指示で状況が変わらなければ、視点を変えて

「早く！」と繰り返しても子どもが動かないときは、「どうして伝わらないのかな？」と考えて、**指示の仕方を変えて**みましょう。P.24～で解説した「4つの視点」で考えてみます。

「指示がわからないダメな子」ではなく、「子どもに合わせた指示に変えて、しっかり伝えるといいかも」と見方を変えると、きっと何か発見がありますよ！

「4つの視点」のうち、「聞こえていない」「わからない」の視点で考えてみると……

「聞こえていない？」
↓
ママが遠くから言っているかも？
↓
近づいて言う

「わからない？」
↓
指示の意味がわかっていない？
↓
言い方を変えてみる

or

どうしたらいいのかわからない？
↓
一緒にやってみる

B 「早く」の意味が理解できず、子どもも困っている？

Aの対応でふれた「わからない」の視点とも関連しますが、**大人が「当然わかるだろう」と思っている言葉が、子どもにとっては理解できない言葉**ということがよくあります。特に「あいまいな言葉」は、小さい子が理解するのは困難。「早く」という言葉自体が漠然としていて、具体的に「何をしたらいいのか」も示されず、子どもは混乱しているかもしれません。わからない指示は「雑音」として、聞かなくなる子もいます。

「この言葉、子どもにはわからないかも……？」と想定内にしておくと、子どもをしからずにすんで、親子ともにストレスを

早く準備して！
混乱！
「早く」って何？
どうしたら
「早く」になるの？
「早く」って
どれくらいが
「早く」なの？
何をしたら
いいの？

減らすことができるでしょう。「では、具体的にどういう言葉かけをしたらよいの？」については、P．94～の解説を参考にしてください。

C ほかのことまで言いそうなときはクールダウン！

いったん怒りがこぼれ始めると、芋づる式に出てきてしまうことがありますよね。そんなときは体や心が疲れている場合が多く、どんどん怒りの焦点がズレていくうえに、周囲の人を傷つけ、自分をも傷つける悪循環に陥りがち。次のような方法で少し間を置くなど、まず**クールダウン**しましょう。

- 深呼吸　・6秒ルール（6までカウントする）
- 考えるのをいったんやめる　・その場から離れる
- 体を動かしながら考える　・水を飲む
- 落ち着く言葉を繰り返す（大丈夫、焦らない……など）

一度にさまざまな怒りをぶつけられた子どもは、「自分はダメな子」と、つらい気持ちになります。「なぜ？」と、混乱する子もいるでしょう。あなたも子どものころ、そんな経験はありませんか？

もし、ママが気持ちを切り替えられなければ、パパでもOK。「びっくりしたね。ママは疲れてるから、一緒に○○しようか」などと、**できるだけ早く上書きをすると、子どもは安心・安全を感じられる**でしょう。

もし「わたしはイライラすると止められない傾向がある」という自覚があれば、**「怒りに気づくしくみ」をつくる**のもひとつの方法。メモをキッチンや手帳などよく目にする場所にはったり、この本を目につきやすい場所に置いておくなど工夫してみましょう。

伝わりにくい「あいまいな」言葉

こんな言葉、言っていませんか……？

子どもにとってどんな言葉が伝わりにくく、どのようにしたら伝わりやすくなるのか、**口ぐせになりがちな、あいまいな言葉をチェック**しましょう。
これらの言葉の伝わりづらさは、言っている本人はなかなか気づかないもの。家族や友人にモニターしてもらい、意見をもらうとよいでしょう。

「お皿を取って」「服を片付けて」など、内容を具体的に言う。また、**「黄色いお皿」「脱いだパジャマ」**など、より具体的な言葉にしたり、大人が一緒にやって見せながら言ったりするなど、子どもの理解度に合わせる。

「本は破らないで」「今、ママはお客さんとお話ししているから、本を読んで静かに待っていてね」「もうブロックはやめようね」など、具体的な行動を示す言葉に替える。

「○○ちゃん、ごはんを食べよう」「△△くん、トイレに行ってこよう」など、何をどうするのかを省略せず、具体的に言う。

●こそあど言葉

それ取って
これ片付けて

指示するときによく使う、「これ」「それ」「あれ」「どれ」といった「こそあど」言葉はわかりにくい。

●抽象的な言葉

ちゃんとしなさい
大切に
いい子にして！
しっかりして
丁寧に
好きにしなさい！

抽象的で、何をどうしたら「ちゃんとしていること」「大切に使っていること」になるのかがわからない。

●主語や目的語の省略

早くしなさい
行ってきなさい

主語や目的語が省略されてしまうと、だれが何を早くするのか、どこに行くのかがわからない。

子どもが「わからない」と訴える力も必要

子どもが自分で「わからない」と言えることも大切。普段から「わからないときは言ってね」と伝えたり、ママ「あれ取って」、子「あれって何？」、ママ「なんでしょう？　今、ママの手は濡れています」、子「タオルだね！」などと、クイズ形式にしても。伝わらなさにイライラするのではなく、コミュニケーションを楽しめるといいですね。

ミニ＊エピソード

「こんなところでそんなことしないの！」とよく言ってしまいますが、「レストランでは、家から持ってきたお菓子は食べないよ」と具体的に優しく言ったら、すぐにやめました。

ダブルバインド

「勝手にしなさい！」↓勝手にしたら怒る

「ダブルバインド」※は混乱のもと！

※同時に送られる、２つの矛盾したメッセージで板挟みの状態。

Q

あなたならどうする？

スーパーで「好きなお菓子を選んでいいよ」と言ったら、選んでほしくないお菓子をチョイスしたわが子……。

A

「違うお菓子にしなさい」
と、替えさせる。

B

「それが欲しいのね」
と、まず子どもの
気持ちを受け入れる。

C

「またこんなの選んで！
ダメでしょ！」と怒る。

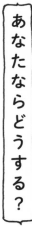

A

好きに選んでOKのはずが替えさせられ、混乱！

　普段、ママがよく行っている対応かもしれませんね。でも、子どもの側からすると「好きに選んでいいよ」と言われたからそうしたのに、「違うのにしなさい」と言われたら、「なんで⁉」と混乱しないでしょうか。

　これが続くと「どうせ否定される」と、子どもは自分で選択することをやめてしまい、自己主張する意欲もダウン。特に言葉をその通りに受け取る乳幼児期は、「自由に選んでOK」と言ったなら、「本当に」子どもの選択を受け入れる、もしくは「このなかから好きに選んでいいよ」と、ある条件のなかで選ばせるなど、**言葉と実際の対応の矛盾をなくす**のが理想です。

しかし、なかなかそうはうまくいかないのが子育てですよね。どうしても子どもの選択が受け入れられない場合は、ただ否定するのではなく、「これは甘すぎて虫歯になるから」など、理由を説明しましょう。

B

受け入れられた共感は、子どもの育ちにプラス！

Ｂの対応では、まず「それが欲しいのね」と、子どもの思いに共感していますね。**この「共感」こそ、乳幼児期に一番大切にしたいこと。**

わたしたちは「いい・悪い」の評価に意識がいきがちですが、まず共感で受け止められると、「自分の気持ちを言っていいんだ」と自信がつきます。その次にダメな理由を話すと、スムーズにいきますよ。

C

「これを選んだあなた＝ダメ」はＮＧ！

自分の想定外のことをされ、思わず怒ってしまうことがありますよね。そんなときは感情的になりやすく、同じ状況が繰り返されると反射的に怒りが出てしまうパターンに陥りやすくなります。まず、ママが自分の怒りに気づけるといいですね。また、**「子どもって予想外の選択をするもの」と想定内**にしておくと、怒りを予防できるかもしれません。

まだママの真意を読み取る力がない乳幼児に、頭ごなしに「ダメ！」と怒ると、子どもは「自分はダメな子」と思ってしまいます。「自分の決断は常に間違っているんじゃないか」と不安になり、引っ込み思案になってしまう子も……。ここでも**「存在と行動の分離」**がポイントです。

つい感情的にどなってしまったときは、P.35でも解説したように「大きな声で怒ってごめんね」と、できるだけ早く「上書き」しましょう。

OK
行動
「その選択」がダメ
「行動」の否定
NG
行動
「その選択をするあなた」がダメ
存在
「存在も行動」も否定

日常的に起こる「ダブルバインド」

2つのメッセージの板挟み

子どもに対して怒っているときに「好きにしなさい！」と言い、子どもが本当に好きにしたら怒る……。身に覚えはないですか？　**ダブルバインドとは、「同時に送られる2つのメッセージの板挟み状態」**を指し、日常のいろいろな場面で起こります。

ダブルバインドは、特にママがイライラしているときに起こりがち。「好きにしなさい」と言いながら本当に好きにしてほしいわけではないので、子どもが言葉通りにするとよけいに怒り度がアップ！　**子ど**

もは「ママの言葉に従ったのに怒られた」と混乱してしまいます。ママ自身も子どものときに経験したことがあるかもしれません。P.97のCでも、ママが「好きに選んでいいよ」と言ったから子どもはそうしたのに、「ダメ！」と言われ、いいのか悪いのか混乱――これが心理学者のベイトソンが名づけた「ダブルバインド（二重拘束）」です。

乳幼児はまだそういう真意を読み取れないですし、「矛盾だ」と訴えることもできません。これが重なると常に不安な状態になったり、混乱状態から体調が悪くなり、おねしょやチックなどの症状が出ることもあります。

ダブルバインドのさまざまなパターン

ダブルバインドは、「昨日はいいと言われたけど、今日はダメと言われる」というように、**時差で起こる場合も**あります。

また、**子どもの側からママへのダブルバインドも。**「ママこっちに来て」と言われて近くに行くと、例えばママのセーターのチクチクがイヤで「あっちに行って」「ママ嫌い」と言われる、でも行かなければもっと泣く……。

これは、まだ自分の思いを言葉で表現できないことで起こる子どもからのダ

ミニ＊エピソード

ダブルバインドを知って、意識するようになったら、怒りレベルが半分以下になりました。

ブルバインド。

子どもの気持ちがわからない！と混乱しそうなときは、「これはダブルバインドだ」と自覚するだけでも違ってきますよ。

ダブルバインドを回避する方法

前にも述べたように、乳幼児にはまだ言葉の表裏を読み取る力がありません。この時期は「〇〇してね」「△△はしないでね」と、**本当にしてほしいことをできるだけシンプルに伝える**ように心がけましょう。

また、**条件をつけたり説明したりすると、ダブルバインドを回避**できます。

例えば「テレビを見ていい」と言ったのに、子どもがダラダラ見ているから「いつまで見てるの！」と怒るのはダブルバインド。「ひとつアニメを見たらおしまいね」などと、条件を決めておくとよいですね。

また、子どもに「手伝って」と言いつつ、効率が悪いからと途中で取り上げてしまうのもダブルバインド。「〇〇ちゃんは△△をやってね。後はママがやるわ」と説明するとよいでしょう。条件付けは最初にするのがポイントです。

ミニ＊エピソード

「好きなのを選んでいいよ」と言ったら、子どもが予想外の高いおもちゃを選び、「それはダメ」と言ったら、大泣き！　その後「3つのうち、どれか」と限定したらトラブルがなくなりました。

比較

ほかの子と比べないで！

「その子のビフォー・アフター」に注目

Q

あなたならどうする？

園の発表会で、せりふに詰まってしまったわが子。会場にクスクス笑いが広がって……。

A

「お友達はちゃんとできたのに、なんであなただけできなかったの！？」

B

「笑われたけど、
続けてえらかったね。
練習より上手だったね！」

C

「失敗するなんて
恥ずかしい！
ダメな子ね！」

A

友達との比較はNG！　自己イメージDOWNに

乳幼児期は、「自己イメージ」をつくっていく時期。ネガティブな言葉はただでさえ自己イメージを下げてしまいますが、そこに**「人との比較」が加わると、「自分は周りに比べてできない子」というマイナスイメージが、さらに強く植え付けられて**しまいます。つい、友達やきょうだいと比べてしまいがちですが、できるだけそのような言葉かけは避けましょう。

ママは「なぜできないの？」と感じても、子どもにしてみれば一生懸命頑張った結果。「なぜ？」と聞かれても子どもにだってわかりません。「失敗しないように！」と育てるのでなく、失敗しても落ち込まず、気持ちを切り替えてトライする子に育てることこそが、大切なのではないでしょうか。

B

「失敗からの立ち直り」への注目がGOOD！

子どものいいところに目を向けたママの言葉は、すてきですね。同じ「比較」でも、ほかの子と比べるか、その子自身のちょっと前の姿と比べるかで、ずいぶん印象が違ってくるのがわかるでしょう。

結果だけでなく、**結果までのプロセスや失敗後の子どもの頑張りに注目**するのがポイント！　子どもは、ほめられるとやる気スイッチがＯＮ！になり、それを繰り返して成長していくもの。うまくいかなかったときこそ、Ｂの対応のように、ママの言葉で勇気づけてあげたいですね。

C 「失敗」という結果より、プロセスに注目！

わが子のことを自分の分身のように感じるママほど、一生懸命なあまり、ついこのような言葉が出てしまうかもしれま

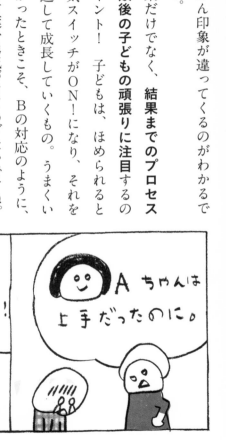

せんね。P.14～で解説したように、**「子どもの評価」＝「自分（ママ）の評価」と一体化**してしまい、子どもが失敗すると自分が失敗した、自分の評価が下がったと感じて、つらくなってしまうママもいます。ここでも**「存在・行動・評価を分離」して考える**ことが大切です。

乳幼児くらいだと、失敗しても本人は案外「恥ずかしい」と感じていないものですが、Cのような言葉によって**「失敗は恥ずかしい・ダメなこと」という価値観を植え付けてしまう**ことも。結果はどうであれ、子どもが一生懸命取り組んだこと、そのプロセスが「いいね！」と伝えていきたいですね。

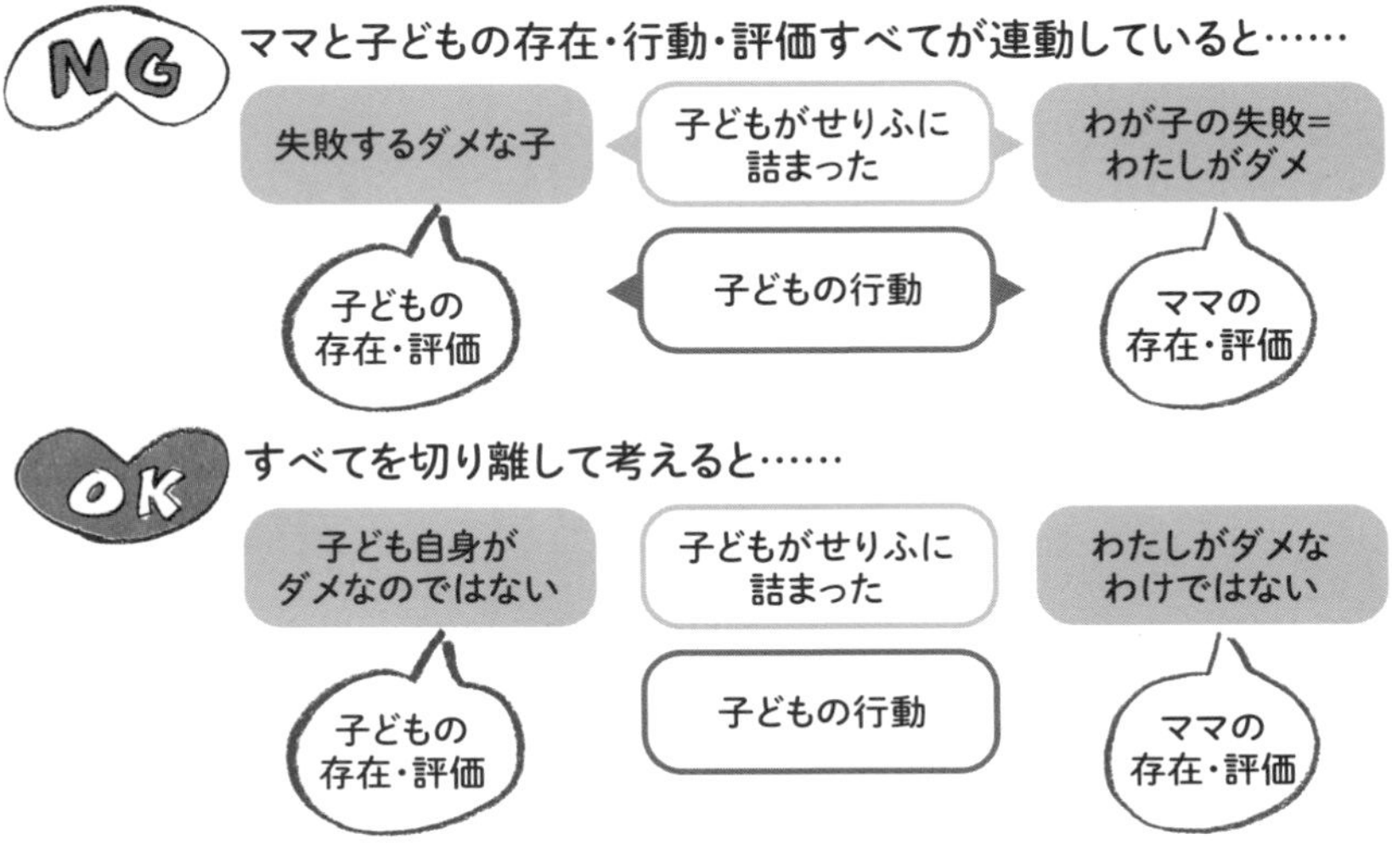
NG
ママと子どもの存在・行動・評価すべてが連動していると……
失敗するダメな子
子どもがせりふに詰まった
わが子の失敗＝わたしがダメ
子どもの存在・評価
子どもの行動
ママの存在・評価
OK
すべてを切り離して考えると……
子ども自身がダメなのではない
子どもがせりふに詰まった
わたしがダメなわけではない
子どもの存在・評価
子どもの行動
ママの存在・評価

「比較」することの影響

人との比較が自己イメージを下げる

「○○ちゃんと比べて……」「おにいちゃんのときはこうだったのに……」といった言葉が、ついつい口をついて出てくることも多いのではないでしょうか。

しかし、P．106のAの対応でも解説したように、そういった言葉はその子の自己イメージを著しく低下させてしまいます。比べるのならBの対応のように、**その子の少し前の姿と比べて**みませんか？

ひとりひとり育つペースはいろいろです

●友達やきょうだいとの比較

・○○ちゃんと比べて
あんたは…
・おにいちゃんのときは
これくらいできてたわよ！

ママ	子どものマイナス面ばかり見える 自分もイライラ
子	自己イメージDOWN！

●その子本人の成長に注目

・この前は○○できなかったのに、できるようになったね！
・○○を頑張ったね！

ママ	子どものプラス面が自然と見えてくる 自分もワクワク
子	自己イメージUP！ やる気スイッチON！

が、**どの子にも必ず前進があるはず**。特に乳幼児の成長は目覚ましいものがあります。そんな「成長の軌跡」に注目すると、自然にプラス面が見えてくるでしょう。

雑誌などの情報がストレスになることも

育児は、日々一喜一憂。ママが不安になることも多いと思います。そんなとき、育児雑誌などで「○歳くらいまでにおむつが取れる」「○歳になればだいたい言葉がこれくらい出てくる」などといった記事を読んで、「うちの子はまだだわ……」とよけいに不安になってしまうことはありませんか？

これもある意味、「ほかの子どもとの比較」。参考程度にするのであればOKですが、かえってストレスになるようであれば、こういった雑誌を見るのはほどほどにしておいたほうがいいかもしれません。

価値観は親から子へ伝わっていく

子どものことだけではなく、わたしたちは何かと「人と比べて、より優れている・劣っている」と考えがちです。自分が親や大人たちからそう言われて育ってきた結果、それが自身の価値観としていつの間にか定着してしまったと言えるかもしれません。

子育ては、「価値基準」を伝える作業。親の価値基準が子どもの価値基準になるのです。乳幼児にはまだ「人と比べて自分は?」という感覚はありませんが、親からそういった言葉をかけられ続けると、その価値観がその子のなかに根付いていきます。自分を周りと比べてコンプレックスを抱える人になるか、それとも自身を冷静に見つめてポジティブに成長していける人になるか……。自身の育ちを振り返ってお子さんがどう育ってほしいかを考えてみてください。

ミニ＊エピソード

おむつが取れずに悩んでいましたが、ほかの子と比較せず、ゆったりとした気持ちでスキンシップを増やしたら、その後１か月で取れました。親のゆとりが子どもに伝わるんだと痛感しました。

気持ちの転換

「なんで？」↓「どうしたら？」ネガティブをポジティブに変えて！

Q

あなたならどうする?

何度も同じ失敗を
繰り返しているわが子。
そんな様子を見て……。

A

「どうやったら
できるかな……?」
と考えてみる。

B

「なんでできないの!?」
と怒る。

C

「こうしなさい」
と解決策を知らせる。

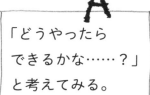

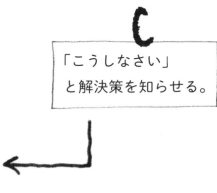

A「どうやったら？」は、ポジティブ視点で◎！

子どもの側から考えようとする、あたたかなママのまなざしがすてきです。「その子」を責めるのではなく、うまくいかない「行動」の原因と対策を考える――これも**「存在と行動の分離」**ですね。

「どうしたらできる？」と考えると、未来志向で可能性がイメージでき、ポジティブな視点で具体的な解決策が見つかりやすくなります。

ママがあきらめると、それが子どもに伝わって、子どももあきらめてしまいます。ママが「どうしたらで

？ 子どもの今の力と課題が合ってない？

どうしたらできる？

！ 今はまだ早いから、もう少し成長してからチャレンジ？
課題の難易度を下げる？

？ やり方がわからない？

どうしたらできる？

！ もっと細かく指示を出してあげたほうが、わかりやすいのかも……？

きるかな?」と考える姿にふれると、子どものなかにも「できる未来をイメージする力」が育っていきますよ。

B

「なんでできないの!?」は、追い詰める言葉

「なんでできないの!?」の「なんで」は、**大人目線で子どもを責める言葉**です。責めてもできなかった過去は変えられませんし、子どもは心理的に追い詰められて自己イメージも下がる一方です。わかりやすい指示があり、課題が今のその子の力に合ったものであれば、少しずつでも必ずできるようになります。長い目で見守ってあげてください。

自分自身が「なんでできないの!?」と親からよく言われたというママも多いかもしれません。つまり自分が言われた言葉を、今度は自分が子どもに言っているということですね。子どもにとって**親は「一番近い存在」で、その言葉の影響はとても大きい**もの。ずっとその子のなかに残り、「なんでできないの?(=自分はダメな子)」と、自問自答を繰り返すように……。やがてその子が親になり、またその子どもへと「言葉」は世代を超えて繰り返され

ます。

Aで解説した「どうやったら?」のように、できるだけポジティブな受け止め方に転換していけるといいですね。

C 「こうしなさい」は、考えるチャンスを奪う

一見スムーズな対応に見えますが、将来の子どもの「自立」を考えると、**解決の先回りは、むしろ遠回りとなってしまう**かかわり方です。

子どもは失敗や試行錯誤を繰り返して「自分で考え、解決する力」をつけていきます。それなのに大人が先に解決策を示してしまったら、子どもが自分で考えるチャンスを奪ってしまうことに……。これが繰り返されると、大人からの指示がないと動けない、「指示待ちの子」になってしまいます。失敗は成功のもと。「それじゃあ失敗するなあ……」と思ってもあえて見守ることで、子どもが学習できることもあるのです。

しかし、すべてを子どもにゆだねてなかなか成功体験を積むことができないと、それはそれで自信喪失につながってしまいます。様子を見て、必要で

あれば選択肢を示して子どもが選べるように誘導するなど、手助けや情報提供のさじ加減も大事です。

そのときは、**まず子どもに共感を示しましょう！** いきなり「こうしなさい」だと、「あなたのそのやり方はダメ！」という否定から入ることになります。「こんなふうにしたいのね」と寄り添いつつ、「でもね……」と新しい方法の提示にもっていけるといいですね。

OK

共感から入るアプローチ

「こんなふうにしたいのね」
「その方法もいいね」
＝
子どもの思いに共感

▼

「でも、こんなやり方もあるよ」

▼

子どもは……

ママは自分の気持ちをわかってくれたと感じ、自分で「どうするか」を選択することもできる。

NG

否定から入るアプローチ

「こうしなさい」
＝
子どものやり方を否定

▼

子どもは……

ママから否定されたと感じ、自分で考える余地もなく、そこで終了。

「ポジティブ」に転換する方法

親子ともにストレスになる「なんで？」

子どもに対して何気なく言っている**「なぜ？」「なんで？」という言葉が、親子ともにストレスになる**ことがあります。

「なんでできないの？」という質問は、「だって……」と子どもから言い訳を引き出し、それを聞いたママが「また言い訳して！」「だってじゃないでしょ！」とよけいイライラ……。子どもは子どもでわけがわからず混乱するだけというように、ネガティブスパイラルを引き寄せてしまいます。

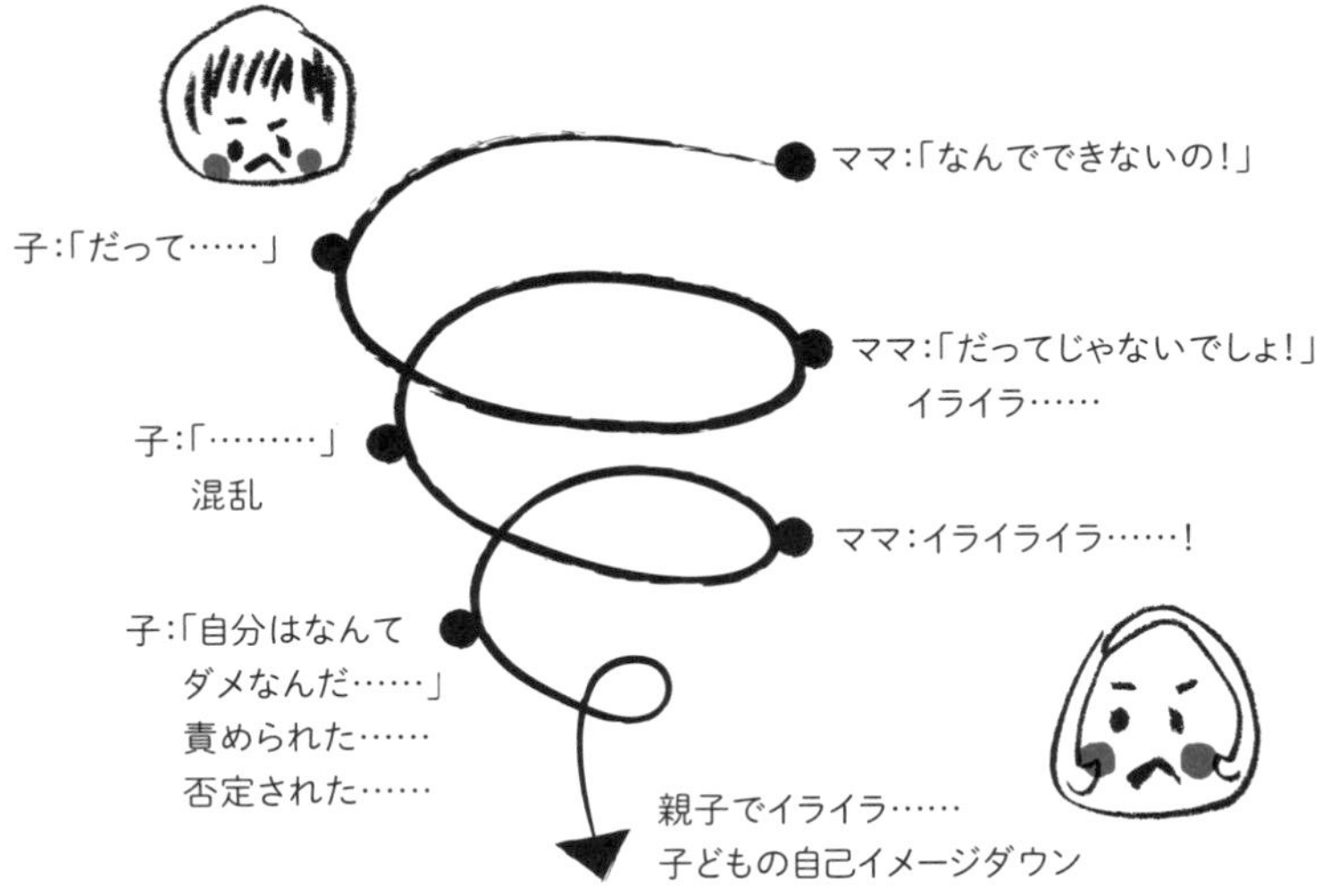
ママ:「なんでできないの！」
子:「だって……」
ママ:「だってじゃないでしょ！」
イライラ……
子:「………」
混乱
ママ:イライライラ……！
子:「自分はなんて
ダメなんだ……」
責められた……
否定された……
親子でイライラ……
子どもの自己イメージダウン

また、「なんでできないの?」という言葉は、大人にその気はなくても、子どもに「(できない自分を)責められた、否定された」と感じさせたり、自己イメージを下げたりしてしまいます。

「ネガティブ質問」を「ポジティブ質問」に

このネガティブスパイラルを断ち切るには、気持ちの転換が必要です。まずは、何気なく「なんで?」「どうして?」と言っている自分に気づくこと。そして、それを「どうしたら～できると思う?」とポジティブな質問に変える練習をしてみましょう。

NG 「なんで～できなかったの?」＝過去・ネガティブ質問

否定的なニュアンスで、できなかった過去のことを追及する質問。言われた側を、「否定された」「責められた」という気持ちにさせてしまうことが多い。

なんでもっと早く起きられないの?!

OK 「どうしたら～できると思う?」＝未来・ポジティブ質問

先を肯定的に見て可能性を引き出す質問。「こうすればいい」と教えるのではなく、子どもに聞くことで「自分で考える」支援をするのがポイント。

どうしたらもう少し早く起きられるかな?

ミニ＊エピソード

反抗的なわが子への質問を「なぜできなかったの?」から「どうしたらできるかな?」に変えるように意識したら、素直になって、関係が良好になりました!

ヒント PLUS!

育児ネガ↓ポジ変換リスト

子どもの「ここがマイナス面」と思っていることが、視点を変えるとプラス面に。そんな「変換」例を挙げてみました。あなたもゲーム感覚でトライしてみませんか?

ネガティブ		ポジティブ
・暴れんぼう	↓	元気がいい
・甘えんぼう	↓	愛されキャラ
・おせっかい	↓	面倒見がいい
・落ち着きがない	↓	アクティブ
・頑固	↓	意志が強い
・きちんとできない	↓	おおらか
・こだわりが強い	↓	集中力がある・自分をもっている
・細かい	↓	きちょうめん・気がきく
・知らない人にもいきなり声をかける	↓	フレンドリー・人が好き
・衝動性が強い	↓	フットワークが軽い
・せっかち	↓	行動が素早い
・多動	↓	アクティブ・好奇心おう盛
・できないことはやらない	↓	あきらめがよい
・「どうせできない」とネガティブ思考	↓	慎重・謙虚
・わがまま	↓	自己主張ができる

あなたのお子さんは?

・○○○○○○○○	↓	○○○○○○○○○○○

エピローグ

いつも頑張っているママたちへ

時には、ママスイッチをOFF！

ここまで、ママと子どもとのかかわりについてお話ししてきました。最後に、「まずは、ママ自身が元気でいてほしい」という願いを込めて、ママのメンタルヘルスのお話をしたいと思います。

仕事柄、多くのママに会い、いつも思うのが「みなさん頑張っているなあ」ということ。そして同時に、多くのママが「ママはリラックスしちゃダメ」「怠けちゃダメ！」と頑張りすぎているのでは……と、心配になるのです。

「あなた＝100％ママではない」

という感覚を少しでももてると、楽になれるかもしれません。「良妻賢母」という言葉がありますが、**きついときは、ずっといいママを演じなくてOK。失敗するママもすてきです。**

「疲れた」とママを完全にやめたくなる前に、罪悪感をもたずに休んで、例えば、今日はお総菜ですませよう、少しだけおばあちゃんに子どもを見てもらおうというように、5分でも素の自分に戻る時間を作りましょう。この「罪悪感をもたずに」は、まじめな人ほど難しいかもしれません。でも家族と離れて自分の時間をもつと、その後、家事や育児のやる気スイッチが入りやすくなることはありませんか？　休憩したほうが「自由がない」というイライラから解放され、家族に優しくなれるということはないでしょうか。

そう、**エプロンを外すように、ママの役割から解放される時間があってもいい**のです。親と離れる体験は、子どもにとっても自立の練習になります。

イヤなことはパスしてOK！

「母親はこうあるべき」という「理想像」に縛られ、目標が高すぎると、つらくなってしまうことも。育児はまだまだ続きます。「イヤだ」と思ったら、パスしてOK。「手抜き」ではなく「貴重なリラックスタイム」とプラスのイメージに変えて、「この後、頑張ればいい」と休憩する自分にOKを出すことが、長続きの秘訣です。自分で自分を苦しめている基準があれば、「まあいいか」と緩めてみましょう。

「すみません」を「ありがとう」に

先ほど「罪悪感をもたずに」と言いましたが、それでもまじめなママの罪悪感がかいま見えるのが、「すみません」という言葉。おばあちゃんに家事を手伝ってもらって「すみません」、ママ友に子どもを見てもらって「すみません」、保育園の一時保育にお世話になって「すみません」……。この「すみません」を「ありがとう」に変えていきませんか？

「ありがとう」と言われてうれしくない人はいません。これは、親子や夫婦間、父母やママ友、園の先生とのやりとり、そして職場でも、コミュニケーションをポジティブにする魔法の言葉。シンプルに言われるのも十分うれしいものですが、「何にどう感謝しているか」が伝えられるとよりいいですね。

すべて自分で抱えずに、「これはだれだれにお願いしちゃおう！」と甘え上手になるのが、リラックス子育てのコツなのかもしれません。ただ勘違いしてはいけないのは、「やってもらって当然」とならないこと。

まずは「すみません」を「ありがとう」に変えるところからスタート。

心の込もった「ありがとう」を忘れなければ、子育てだけでなく、あなたがこれから歩む人生そのものが、きっと輝くはずです。

おわりに

わが子の泣き声、あなたはどう感じますか?

「かわいいわが子がわたしを呼んでいる!」、それとも「イライラさせるイヤな声!」でしょうか? 夜中に眠くてたまらないときに、泣き声で起こされるのは本当につらいですよね。わが子がイヤになった次の瞬間に、「わたしはダメ! 母親失格!」と自分を責めるパターンはないでしょうか?

あなたはダメでもないし、母親失格でもない。ただあなたは疲れていて、「泣き声がイヤなだけ」なのです。泣くことは赤ちゃんのコミュニケーションの手段。だから子どももママもだれも悪くないのです。罪悪感とか無能感がわいてきたら、打ち消し、上書きしてください。「だれも悪くない!」と。


わたし自身に、ADHDとLDがあり、同年代の子ができる簡単なことができない子どもでした。字を書くことが苦手なわたしは、今回、ライターの中野明子さんに口頭で伝え、文章をまとめてもらいました。中野さんはちょうどこの本の製作中に出産し、授乳による眠れない日々を体験したそうです。

出産前後で同じ原稿でも見方が変わったと話してくださいました。同じ本でも、読む時期が違うと印象に残る言葉が違うのです。お子様の成長とともに、この本を何回も読んでいただき、親子で成長しているのを実感していただきたいと思います。

一般のママ向けに、子どもの特性を理解し、ママが自分と子どもを好きになれるような子育ての本を出したいと、以前から願っていました。今回、ライターの中野明子さん、編集者の猿山智子さんのご尽力でとてもすてきな本ができ、思いがかないました。心から感謝いたします。

最後に、

完全な人はだれ一人いません。まず「不完全な自分」、
そして「不完全なわが子」を愛してあげましょう。

皆様の真の幸福を祈りながら　高山　恵子

執筆協力／藤田晴美
企画編集／中野明子
デザイン／有泉武己
表紙・本文イラスト／まつおかたかこ
校閲／（株）麦秋アートセンター

ママも子どもも悪くない！
しからずにすむ子育てのヒント 新装版

2023年8月15日　第1刷発行

著者／高山恵子
発行人／土屋 徹
編集人／志村俊幸
企画編集／猿山智子
発行所／株式会社Gakken
〒141-8416 東京都品川区西五反田2-11-8
印刷所／株式会社リーブルテック

この本に関する各種お問い合わせ先
●本の内容については、下記サイトのお問い合わせフォームよりお願いいたします。
https://www.corp-gakken.co.jp/contact/
【書店購入の場合】
●在庫については　Tel 03-6431-1250（販売部）
●不良品（落丁、乱丁）については　Tel 0570-000577
　学研業務センター　〒354-0045　埼玉県入間郡三芳町上富279-1
【代理店購入の場合】
在庫、不良品（乱丁、落丁）については　Tel 03-6431-1165（事業部直通）
上記以外のお問い合わせは　Tel 0570-056-710（学研グループ総合案内）